人間を磨く

安岡正篤
Yasuoka
Masahiro

致知出版社

新版　まえがき

本書『人間を磨く』は、昭和六十三年株式会社日新報道によって刊行されていたが、今回、株式会社致知出版社が新装再編集して刊行したものである。

ちなみに父が主宰していた全国師友協会の発足と機関誌『師と友』創刊の経緯について父の年譜によって振り返ってみたい。

昭和二十四年九月

公職追放いまだ解けず、全国道縁からの来翰来訪《らいかんらいほう》相次ぎ、混迷の祖国を憂う声高く、精神のよりどころを訴える情いよいよ繁くなり、これにこたえて「師友会」の結成を決意す。「師友とは」師恩友益の謂いで、原典は「士規七則」。東京の日本工業倶楽部において設立。

同年十月
　機関誌『師友』創刊。
昭和二十五年八月
『師友』誌上「乱世に生きる道――素心規」を提唱。警世の資とする。
昭和二十七年一月
　師友会同人「師友クラブ」開設。
昭和二十九年六月
「師友会」を「全国師友協会」と改称。機関誌『師友』を『師と友』と改める。
昭和五十八年十二月十三日
　永眠。八十六歳。戒名　昭徳院殿明覚正観篤教大居士。
昭和五十九年一月二十五日
　青山葬儀所において全国師友協会葬。
同年三月
「全国師友協会」解散。

機関誌『師と友』四百七号をもって休刊。

年月を追って簡潔に経緯を見てみたが、父は敗戦後の混乱期に道縁の方々の要望にこたえて日本再建の精神的基盤を培うために『師友』設立を決意したのであろう。爾後《じご》亡くなるまで東洋先哲の名言・至言を引用しながら己を磨き、われらいかに生くべきかを活学として説き続けた一生であったといえる。特に無名有為な人物を育てるべく精力的に全国行脚して教学活動を行っていた父の風姿が目に浮かんでくる。

ところで生前の父から、よく二つの話を聞かされてきた。

第一は、

「最近の世相は天変地異人妖の時代だということ。特に人妖とは、いまの世の中は人の考え方が利一辺倒で正当でなくなっており、妖しげな人間が増えて社会を混乱させている。だからこそこれからは正しい心をもった、義理にかなう人物が嘱望《しょくぼう》される。そうでなければ日本人はますます堕落してしまう」。

たしかに私たちの周辺には妖しげな仕事をしている妖しげな人たちが多く、いまでもまったく当てはまる話といえる。

その次は

「人生は縁から始まる。その縁を大切にすること」

を幼い頃から一番教えられてきた。

「縁尋機妙・多逢聖因」という格言がある。その意味は良い縁を尋ねて発展していく様は誠に妙《たえ》なるものがある。また良い人に交わっていると良い結果に恵まれるということ。だからこそ普段から善い人、善い教え、善い書物などには縁を結んでおくことが勝縁・善縁になる。しかし何が善縁になるのか、悪縁になるのか凡眼ではなかなか見分けがつかない。やはり日常、自分自身の心眼を磨く、人間を磨く努力が大切だといえる。いま自分の半生を振り返ってみて、まったくその通りだと実感している。

本書『人間を磨く』は、父が『師と友』に綴った心魂の文章であり、多くの方に味読して活学とされることを願ってやまない。

最後に時宜に適して再編集していただいた致知出版社の藤尾秀昭社長、専務取締役柳澤まり子編集部長ならびに高井真人編集部員に深謝申しあげる。

平成二十二年七月

財団法人郷学研修所・安岡正篤記念館

理事長　安岡正泰

本書刊行に寄せて

株式会社蕙蘭社長
林　繁　之

今は亡き経済評論家の伊藤肇氏と私は、安岡先生に随《したが》って新潟に遊び、次いで弥彦神社に参拝をしたことがあった。その時の案内役は新潟に会社を経営する前田實さんであったが、もう遠い昔のことになる。

前田さんは敬虔《けいけん》なクリスチャンながら、どことなし東洋的で、人情の機微を弁《わきま》えた通人である。安岡先生とはかねてから別懇《べっこん》の間であったが、初対面で伊藤さんとも有無相通じた、そんな話が交わされる仲になった。

弥彦の手前に岩室温泉街がある。この街なかを車が通る時、先生は、戦前にこの温泉に遊んだ一幕を面白く語り、車内の我々を興じさせ、且《か》つ感動させた。その時の先生に同行した人々は、東京からは薩摩琵琶の宗家であり、全国津々浦々の民謡の隠れもない妙手・吉村岳城老——いや、その頃は未だご一行揃って壮年であった——、それに、安岡先生とは四条畷中学校当時の同級生で、お互いに亡くなるまで最も親交のあった中塚種夫先生、神戸商工会議所会頭の榎並充造氏、案内役が謹厳朴訥《ぼくとつ》の、山本五十六元帥の親友であった、地元の反町栄一氏の五人であったという。

先生は、この温泉宿で詩を作っておられる。

青田屋を繞って細風香し
数点の迷螢乱れて堂に入る
国事日紛君問うことなかれ
綿々ただまさに紅裳を惜むべし

この詩を先生は、案内役の反町さんの謀計で、また一宿一飯、宿の主人の懇望もだし難く、大書して残しておられるのである。

先生が地方を旅して頼まれるままに揮毫《きごう》されるのは、稀なことではない。それをこんどばかりは謀計《ぼうけい》に逢ったというのは、少しばかりわけがある。

その夜の岩室温泉の宿の名は綿屋といった。綿屋は岩室きっての由緒を誇り、古く幕末の頃から、大名を始め当時の志士、名のある文人墨客の本陣宿であったそうである。奥まった座敷の鴨居《かもい》には、「綿々亭」と長三洲《ちょうさんしゅう》が書いた大きな扁額《へんがく》が掲げてある。

三洲は書をよくした。明治新政府文教の大官に任じられ、維新当時の志士としても活躍した実績は有名である。当然のように、気位が高かった。三洲が綿々亭と書いた時、宿の主人を呼び、

「これから後、お前の宿の客になった者で、自分で詩を作り、書を書く、そして人間的にこれはと思うほどの人物が現われたら、我が輩のこの綿々に和して何か書いて貰うとよい。我が輩も天下の志士をもって任じてきた者、いやしくも、時の名士であるからといって、令名だけで書いて貰うようなことがあっては相成らぬ」

三洲先生からこうきつく申し渡された先代は、自分の代で果たせなかったそのことを今の当主に伝えて、今まで待ったというのであった。そのことを何十年もあとになった今、果たすことができたのである。とこう聞かされた先生は、それで反町さんの謀計にかかったというのである。

「書きあげた後の話で、宿の主人は平身低頭、有難うございましたといって、早々に雅箋紙《がせんし》は持って行ってしまうし、全く困ったよ」と、岩室の街をこうした先生の話で通りぬける頃、「情緒のあるところでしたがね、今はすっかり新しく変わってしまいましてね」と前田さんの声、それに対《こた》えて、参拝の帰りには寄ってみたそうな返事を伊藤さんが返しているうちに、車は弥彦神社の参道入口に到着した。

神社の参拝が済んで、森閑とした広大な神域をひろい歩きしながら、先生の話は、古今の名言語録の効用、その妙について語っていった。伊藤さんは、先生がこういう話になると、何時でもどこでも、必ずポケットからメモ用紙を取り出すのが習慣になっている。さすがはプロである。今日もまた伊藤さんは、道を歩きながらのメモ書きである。

「人間を動かすのは、長ったらしい論文ではない。くどくどといくら説教しても、人間は更生しはしない。片言隻句で足りるのだ。それも、心にしみるものでなければならないのが原則である。生きた苦悩を悟り、心にひらめく真実の智慧、体験と精神の凝結した叫び、そこから見識が養われるのである」

このように語る先生の言葉に、伊藤さんの目の色が変わってきている。或いは、伊藤さんが後になって、異色な経済評論家として広く共鳴を博するようになったその源泉は、安岡先生のこの言葉を銘記し精進を怠らなかった、そのことが、原動力になったのではなかろうかと思うのである。

先生はなお言葉を続けて言った。

「僕の人生は、古今東西の名言や語録の渉猟《しょうりょう》に明け暮れてきたが、この功徳は僕にとっても大変なものがあった。これをまた分《わか》ち与えるのが僕の使命でもある」

我々はしみじみした気分と感動で、奥深い神域の道に歩を運んでいったのである。

安岡先生はこのような考えから、全国師友協会の機関誌『師と友』誌上に、その名言語録集やその折々の所懐を、必ず巻頭言として掲載していられたのであったが、それを愛読し心の糧とする同志の希望が、意外に多く、いろいろな方面から寄せられるようになった。そこで先生は、これを日本の道標とし、または憂楽秘帖と名づけて出版されたことがあった。だが、先生の『師と友』の巻頭言はまだまだ続いていった。今度、それら全部の中から、新たに「人間を磨く」として一本を成した。これが上梓されることになれば、必ずや心魂の書たるに羞じないものとなることを信じるのである。

如是我聞

元全国師友協会事務局長
山口勝朗

初印象

私が初めて安岡先生の講義に接したのは昭和十六年の春、法政大学の学生の頃だった。当時、金鶏学院では毎月十五日の例会に、安岡先生の『近思録』『老子』『呻吟語』などの講義が行われていた。上京したばかりの田舎書生に深遠な講義の内容はよく理解できなかったが、十二月八日の真珠湾攻撃のあと、米英撃滅、一億総蹶起《けっき》の懸け声とともに上下火の玉となって興奮していた最中にあって、先生が諄々《じゅんじゅん》として語られた一節はいまだに強く印象に残っている。それはおおむね、次のような内容である。

「いま我が国は朝野をあげて緒戦の勝利に酔い、声高に〝鬼畜米英〟と唱え、演説会場などで星条旗やユニオン・ジャックを焼いたり踏んづけたりして気勢をあげているが、こうした仕業は大国民のすることではない。私が世界を見て回った経験によると、今われわれが戦っているアングロサクソンは容易ならぬ民族である。すぐれた相手に対しては〝よき敵ござんなれ〟と、敵をも尊敬するのが床《ゆか》しい日本の武士道精神であって、〝鬼畜米英〟などといって相手を蔑み卑《さげす》しめることは武士道の精神に反する。この際われわれは、もっと落ち着いて冷頭熱腸、よく相手国の正体を見きわめなければならない」といった意味の話をされ、〝卒業〟という言葉を例にあげて、日本では卒業といえば文字通り「業を卒《お》える」で、学校を出たら一向に勉強しないが、欧米では卒業のことをコメンス（開始する）といって、学校を出ても「よし、これからが勉強だ」といった積極的な意欲をもっている。われわれはそういう民族を相手として戦っているのだ、よほど褌《ふんどし》を締めてかからねばならない云々、といった話をされた。

十七年の正月から『老子』を講ぜられたのも、大東亜共栄圏の確立には生命力旺盛でなければならない、旧勢力を排除し宿怨《しゅくえん》を浄化してゆくには、精神を練り、器を大にし、息切れせずに悠々としてやりぬかねばならない、そのためには『老子』の思想が参考になり営養になる、という見地から老子をテキストに選ばれたことを後で知った。

先生はまたある時、満蒙開拓団のことに言及された。昭和二年、すでに金鶏学院を設立し、同時にその頃から農村の前途を心配して昭和六年、疲弊した日本農村を再興する指導者を養成するために日本農士学校を創立していた先生は、国策として奨励された満蒙開拓団の派遣には必ずしも賛成されなかったようである。いくら満蒙の天地が広大だからといって、先住の現地農民を立ち退《の》かせてそのあとに日本の開拓民を移住させるやり方には、双手《そうしゅ》をあげて賛同するに忍びなかったのであろう。簞食壺漿《たんしこしょう》して迎えられるのならまだしも、所詮それは「招かれざる客」だったからである。

このように、当時においても先生の講義は、偏狭で矯激《きょうげき》な夜郎自大的国家主義（ショーヴィニズム）とは趣きを異にして、「偏なく党なく王道蕩々」（書経）といった器量がうかがえた。

〝寝ても醒めても〟

やがて戦後、縁あって師友会の事務局で働くようになってしばらく経った昭和三十一年のある日、私は会長室に呼ばれた。

「これから君に『師と友』（月刊の機関誌）の編集をやってもらうわけだが、最初に一言、大切な心得を話しておこう。それは、日常の見聞をすべて『師と友』の編集に結びつけることだ。たとえば道を歩いていてポスターを見ても、ホテルのロビーで壁の絵や写真を見ても、〝これは巻頭の口絵に活用できないか〟、何気なく新聞を読んでいても〝この記事は『師と友』の内外探照（ニュース解説）に役立てられないか〟と、とにかく四六時中、あらゆる事象を編集に関連づける努力が肝腎だ」

この時のお話は脳裡にこびりついて、長く私の生活を律してきたようである。

ある時『師と友』の原稿を受領するためお宅にうかがった際、巻頭言と表紙裏の「微言」を手渡して、先生はこう言われた。

「出来あがったものを見れば何でもないようだが、こんな短い文章でも人知れぬ苦心が存するものだ。……何日も机の上に置いて、見るたびに気に入らぬ個所に手を加え、添削を重ねて仕上げる。時には棄《す》てることもある」

「先生でも、そんなに苦心されるのですか」――思わず反問した私に、先生は次のように答えられた。

「長いものはいくらでも書けるが、短い文章ほど実は難しいものだ。……それに書き出しが一番難しい。気に入るまで何度も書き直すこともあるよ。しかし、書き出しが定《き》まれば、あとは比較的楽だがね。ただ、結びがまた難しい」

またある時、こう言われた。

「僕はたえず何か考えている。道を歩いていても考えごとをしていて、危うく車にぶつかりそうになったことが何度かあった。ある時など、うっかり家の門の前を通りすぎて、たまたま門の前を掃除していた女中から〝旦那さま、どこへいらっしゃるのですか〟と後ろから言われたこともあるよ」

別の折りに、こう述懐されたこともあった。

「外出から帰宅したら、帽子もオーバーも着けたまま書斎に直行して調べものをすることがよくある。そういう時は、風呂に入り、和服に着がえ、くつろいで一杯やってからではだめなのだ。

僕のことを天才だなどと言う人があるが、それは違う。不断の努力だ。もっとも、鈍才なのかも知れない。僕は夜寝ていても、何か問題を思い出すと、すぐ枕頭のスタンドをひねってメモに書きつけておく。問題によっては、真夜中でも書斎にいって文献をひっくり返して調べることがよくある」

そんな夜業《よなべ》をされた翌日の午後など、事務局でお客のとぎれた僅《わず》かな暇に、ごろりとソファーに横になって仮眠される。それも、三十分を越えることはほとんどなかった。

『師と友』二九六号（昭和四十九年九月）巻頭に「阿蘇の牧牛」の写真が掲載されている。その右肩に

大いなる山の力の迫るらむ　山に見とれて低く鳴く牛

茅野蕭々《ちのしょうしょう》

という題歌が添えてあるが、これについて忘れられない編集会議の思い出がある。編集部が提出したこの写真をじっと見つめておられた先生は一言、「山と牛の好い歌がある。ノートに書きつけておいたから、あとで知らせよう」

私たちも左千夫や赤彦の歌集など、あれこれ渉猟したが、この写真にピッタリした歌がなかなか見当たらない。そこで一両日後、「このあいだの〝山と牛の歌〟は如何《いかが》でしょう」と催促したところ、「今夜にでも探して君に電話しよう」とのこと。その日は早目に帰宅し、先生の電話を心待ちしていたが、どうしたものか何の沙汰《さた》もない。気にかけながらその夜は床についたが、翌早朝、先生から電話があった。

「昨晩ノートを探したが見当たらない。そうなると意地になって、夜が更《ふ》けるまであちこち探したが、とうとう探しあてることができなかった。……一旦あきらめて寝たんだが、明け方になってまた起き出して、やっと見つけたよ」と知らせて下さったのが例の歌だった。

たった一首の歌だが、そのために一晩費やされた先生の探求的態度には胸を打たれた。のちに、これについて先生は、

「ただ一首の歌、そのために夜遅くまで時間を費やす。……一見無駄のようだが、実は決して無駄ではないのだ。古《いにしえ》の名医は〝牛溲《ぎゅうしゅう》・馬勃《ばぼつ》・敗鼓《はいこ》の皮〟（牛の小便、馬の糞、破れ太鼓の皮）にいたるまで、何でも薬として役立てた。つまらんと思われるも

のの中にも、必ず何か採れるところがあるものだ」

「前の晩に探しあてることができないで、一旦は寝たが、実は寝ながら考えているわけだ。つまり、潜在意識のなかで頭がはたらいているのだ」と。

〝思い出さずに忘れずに〟という歌の文句がある。これは潜在意識の世界にかかわる微妙な消息だと思う。よく先生が宴席でうたわれた「伽羅《から》の香り」という小唄の文句に〝寝ても醒めても忘られぬ〟というのがあった。もともと恋歌だが、人生の妙趣を含蓄していて味わい深いことである。

一句の違い

昭和三十四、五年頃であったか、和歌山県内の講演旅行に随行したことがある。和歌山市から田辺、郡智、新宮の順序であった。毎晩、講演会のあとは例により歓迎会であるが、大体九時頃になると、先生は「あとは君がしかるべくやり給え」といって部屋に入られる。二次会では、歓待されるままに痛飲し、翌朝は先生に起こされたこともあった。今にして思えば、とんだ随行である。旅行が終わって東京駅に帰り着いた時、「今度の随行で特に注意されることはございませんか」とお聞きしたら、先生は「そうだなあ、それは〝受け答え〟だ」と、ただ一言いわれた。各地の同人に対する私の応対がいかにもギコチなかったので、受け答えを注意されたものと思われる。亡き伊藤肇氏が安岡先生の教えに言及した著書の中で「応待辞令」について書いておられるが、これを平たくいえば〝受け答え〟である。

平生から先生はよく挨拶の大切なことを説かれた。辞書を引けば、挨は「撃つ」「接近する」、拶も対象に「迫る」ことだとある。つまり挨も拶も、直接の意味はぶつかる、擦《す》れ合うということで、ものを言うのに、相手の痛いところ、痒《かゆ》いところにぴたりときまる、これが挨拶である。それでこそ「ご挨拶痛み入る」わけである。

こんなことがあった。私が師友会の機関誌『師と友』の編集をするようになって間もない頃のことである。機関誌のバックナンバーが事務所の外の廊下に山積され、置き場所に困るようになった。そこで、これを希望の会員に頒布しようということになり、『師と友』に出す「お知らせ」の原稿を書いた。――「バックナンバーが余ゝゝゝゝゝっておりますので、ご希望の方に差し上げます」

これを見られた先生は、ニヤッと笑って、「〝丸い卵も切りようじゃ四角、ものも言いようじゃ角《かど》が立つ〟と言う。君のように書いたのでは、これは余っているから不要なものを呉《く》れてやる、ということだよ。これはこう直しなさい」といって筆を入れられたものが――「バックナンバーを取り揃えましたので、ご希望の方はお申し越し下さい」

これには一本参った。たった一句の違いだが、相手に与える印象は雲泥の差がある。その頃の私は生意気で、あるとき客気《かっき》に任せて機関誌の「あとがき」に、当時の政情を批判して「今時の政治家はなっておらん」という意味の悲歌慷慨《こうがい》調の一句を加えたことがある。すると先生は、たった一言、「君ね、人の批評というものは難しいよ」と言われた。先生は何かに「批評とは自己告白である」という意味のことを書いておられるが、この時の一言は私にとって正に頂門《ちょうもん》の一針《いっしん》で、思わず両脇に冷汗をかいたことであった。

先生はガミガミ叱られることは一度もなかった。静かに、たった一言ピシッと言われるのが随分こたえたものである。

即詠即吟の妙

『師と友』の巻頭には毎号、写真を掲載していた。毎月のことで、この写真の選定が編集者を悩ませるものの一つだった。ありふれたものではなく、新鮮味とバラエティに富んだもの。それも、ただ美的にすぐれているというだけではなく、読者に哲学的な思索を誘う傑作、頁を開いた途端に「うーん、これは！」と思わず魅せられるような迫力のあるものを、というのが先生の要望であった。

いつも編集会議には、苦心して集めた写真や絵、書などを何枚も提出する。最終的に先生の決定を仰ぐわけだが、これがなかなかパスしない。ようやく第一の関門を通過すると、次はその口絵にふさわしい題詞をつけねばならない。これがまた時には口絵を探すよりも難しい。

ある時、仰向《あおむ》けに寝ころんだ母ゴリラが腹の上にのせたわが子をあやしている、奇抜な写真が選ばれた。「君、この絵の題をどうつける？」まず先生が促される。赤ん坊を新聞紙にくるんでロッカーに捨てる母親がニュースを賑わしていた世相だから、有名な源実朝の「もののいはぬ四方のけだものすらだにも　あはれなるかなや親の子を思ふ」が念頭に浮かんだが、これは以前に一度使用している。同じものを再録するのでは芸がない、どうしたものか？　と思案していると、先生、「〝母猿・子を弄す〟（弄は「たわむれる」「あやす」）はどうかね？　この題の下に何か歌か句を入れればよかろう」

「はい」とそれをメモしたが、なかなか次の文句が思いあたらない。「いずれ、よく調べまして……」と退《ひ》き下がろうとしたら、先生は「そのメモをよこしなさい」とメモを取りあげて、「母猿・子を弄す」の下に、「却《かえ》って多情」と書き加えられた。

しばらく考えておられた先生は、更にこの句の前に、「近世人間・薄俗を歎く」と書き加え、「これならば平仄《ひょうそく》も合っている。誰かあと二句つけ加えると面白い詩になる」といってメモを返された。

近世人間歎薄俗　母猿弄子却多情

思わずウームと唸《うな》らせられる鮮やかさ。こういうところは正に天下一品であった。

ある新年号の巻頭に、山中の神社の大鳥居が口絵に選ばれた。この時も私には適切な題詞が思い浮かばなかった。すると先生はその場で筆をとって、「超詣　天地廖廓《りょうかく》　莽々《もう》蒼々　弧標超出　雲山相望《あいのぞむ》」と、『詩経』ばりの四言詩を即吟された。

有名な山岳写真家・清水武甲氏の「秩父の山ふき」を選ばれたことがあった。人間の背丈よりも見事な蕗《ふき》と子供の写真である。先生は「いい写真だね」と感心して見入りながら、「君、何か一句を言ってみなさい」と促されるのだが、その一句が出てこないのだ。すると、「山ふきを里に植えれば小さくなる　人は都で小人《しょうじん》となる」と即座に詠まれた。まったく当意即妙である。

また、西イリアン原住民の水上家屋の絵を選んだ時、先生は「これはいいね」と写真を手にしたまま、「ココ椰子の茂れる入江の奥深く　太古のままに住める民はも」と即詠された。こうした例は枚挙にいとまがない。

昭和四十四年の秋、阿蘇にお伴した時のこと、別府から高速道路でドライブし、峠の茶屋で一服した。このとき出されたコンニャクの味噌田楽の旨《うま》かったこと。あの野趣は忘れられない。先生も立ったまま田楽の串を頬ばりつつ、阿蘇の噴煙を眺めておられた。やがて阿蘇青年の家に着いた。所長は金鶏学院以来のお弟子さんの坂井隆治氏である。応接間に通されると、奉加帳《ほうがちょう》のようなものを持ってこられ、「先生、一筆お願いします」と、すぐ墨をすり出した。先生は「今までどんな人が書いておられるかな」と奉加帳の頁をめくっておられたが、みんな姓名と肩書くらいしか書いてない。ただ一人、岸信介さんが、俳句を揮毫してあった。ところが先生は、いま見てこられたばかりの阿蘇を詠じた七言絶句をさらさらと一気に認《したた》められた。

紅葉　白雲　秋未だ央《つ》きず
大観峰外　草茫々
快車一路　阿蘇を下る
天半の噴煙　古荒を思ふ

郡智のお宮にお参りした時は、社務所で「み熊野の郡智のみ山の神瀧は　まこと神なりおろがみて立つ」と即詠を揮毫された。

こういう離れ業は、天分はもちろんだが、やはり日頃の蓄積と修練、それに何よりも胸中の洒落《しゃらく》がなさせる業であろうか。

片言隻句による肝銘

詩や歌を作るにあたって、たった一字の用い方で一句全体の死活に関する、その一字によってつぼを押さえたように響く、そういう字を「響字」あるいは「字眼」というそうだが、常づね先生は話や文章のつぼ、勘どころを大切にされた。時務を論じても、時局の響字・字眼ともいうべきシンギュラー・ポイント（特異点）というものを重視された。本を読んでも、その書の真髄、エキスをつかむ名人だった。

「印象・肝銘は片言隻句によるものが強い。要約されて核化されたものが大なる爆発力を持つからである」と本書に先生も述べておられる（現代文化寸鉄集について――寸鉄の解）。たしかに総合雑誌の長編論文は肝銘を与えがたい。「万巻の書も腹に入れば片言隻句となって出る。天下の万機も、これに応じる要は一心にある」（安岡正篤

「東洋的学風」）のが望ましいことである。

『伝習録』に「一摑一掌血、一棒一条痕《いっかくいっしょうけついちぼういちじょうこん》」という箴言《しんげん》がある。木刀で打っても痕《あと》もつかぬようなへろへろとしたことでは駄目だ。ぴしっと一棒痛打すれば、いつまでも一筋の痕が残り、ぐっと摑めば手の血がたがつくようでなければならぬ。何事によらず、いい加減では駄目、命がけで骨髄に徹する力強さを以《も》って当たれ、というのである。先生は好んでこの言葉を引用されたように思う。

『論語』の開巻第一に「学んで之を時習す、また説《よろこ》ばしからずや」とある。この「時習」を「ときどき勉強する」と解釈したのでは浅い。「その時、その時を活かして勉強する」と解すべきであると先生は説かれている。本書に収められた一章々々は、その意味において先生の心眼に映じた時務の活学であると言ってよいであろう。本書の内容も多岐な分野にわたっているが、どこを開いても、深く道の根源に思いを到させられる。孟子の「左右逢原」――これを左右に取りてその原（源）に逢うとは、このことであろう。

「人常に菜根を咬《か》み得ば百事做《な》すべし」（宋・汪信民『菜根譚』）という。エキスのように圧縮された簡勁《かんけい》な本書の一字一句を咀嚼し玩味して、行間に潜む深い意味を汲めば、受用無尽である。この書が多くの読者によって活読・活用されることをこいねがってやまない次第である。

昭和六十三年四月

人間を磨く＊目次

第一部　自己を深める

第一章　人生を味わう

第二章　人間の根本

第三章　人生を活学する

第四章　先賢の箴言に学ぶ

第五章　自己を深める

第二部　人間を磨く

第六章　心に刻みたい金言―1

第七章　心に刻みたい金言—2

装幀——川上成夫／編集協力——柏木孝之

＊本書は昭和六十三年に日新報道より刊行された安岡正篤著『人間を磨く』を再編集したものです。

＊本書に集録されている文章は、全国師友協会の機関誌「師と友」の創刊（昭和二十四年九月）から休刊（同五十九年三月）までの巻頭言を取捨選択したものです。

＊本文中の「註」および「＊」で示したものは安岡正篤先生の自註。「大意」「解説」は財団法人郷学研修所・安岡正篤記念館副理事長兼所長の荒井桂氏によるものです。

第一部

自己を深める

第一章

人生を味わう

旅にちなんで

夫《そ》れ天地は万物の㈠逆旅《げきりょ》、光陰は百代の㈡過客なり。而《しこうし》て浮世は夢の如し。歓を為すこと幾何《いくばく》ぞ。

（唐）李白・春夜、桃李園に宴するの序。

㈠逆は迎えるに同じ。旅館のこと　㈡旅客に同じ。

芭蕉は之を引用して、その名著奥の細道の始に「月日は百代の過客にして、行きかう年も又旅人なり」と書き起し、西鶴の日本永代蔵にも、「されば天地は万物の逆旅、光陰は百代の過客、浮世は夢幻という」と云っている。

昔人云う、「一に、願わくば世間の好人を識《し》り尽さん。二に、願わくば世間の好書を読み尽さん。三に、願わくば世間の好山水を看《み》尽さん」と。或るひとは曰く、「ことごとくは則ち安《いずく》んぞ能くせん。但《ただ》身到る処、放過する莫《な》からんのみ」と。旨《うま》い哉言や。

余の性・㈠懶《らん》、世の一切㈡炎熱争逐《そうちく》の場・了《つい》に情に関せず。惟《た》だ是れ高山流水、意の如《ゆ》く所に任せ、㈢翠叢《すいそう》・紫莽《ぼう》・竹林・芳逕《ほうけい》に逢うては、二三の知己と偕《とも》に膝を抱いて長嘯し、欣然《きんぜん》帰るを忘れ、加うるに㈣名姝《しゅ》・眄《べん》を凝らし、素月・懐に入り。㈤軽謳《けいおう》・緩板《かんばん》・遠韻・孤簫青山《こしょうせいざん》・㈥黛《たい》を送り、小鳥興歌し、儕侶《さいりょ》（せいりょ）・㈦機を忘れ、茗酒随って設く事を以てせば、余の心最も歓ぶ。　（明）陸湘客・酔古堂剣掃の著者。

㈠ものうし、なまけもの。㈡熱中して名利を競争する世界。㈢翠や紫のこんもりした草むら。㈣立派な美女が流し目に見つめる。㈤即興の歌謡とゆっくりした拍子。㈥眉墨であるが、ここでは横に連る青山の姿色。㈦人世のああしてこうしてという気がかりのことである。

炎暑納涼録

そこもとは　涼しさうなり　峯の松

丈草《じょうそう》の句である。世の中は何と暑そうな人間ばかり多いことか

世の中は　ただ何となく　住むぞよき　心ひとつを　すなほにはして

佐善雪渓《さぜんせつけい》（明暦延享時の国学者）の歌である。この頃何でも闘争々々、ハンスト、坐りこみ、ピケ、デモ……と荒々しいにつけて思い出す歌。

衆方《まさ》に囂然《ごうぜん》たり、我れ独り淵黙《へんもく》す。中心融々として自ら真楽あり。是れ蓋《けだ》し塵垢《じんこう》の外に出でて造物者と遊べばなり。

王陽明の語である。現代はこの奥に別の重大な決意（世代の動向に対する）を秘めてのこの心境を要するようになった。

貴賤・等《とう》を異にすと雖《いえど》も、門を出づれば皆営《いとな》みあり。独り外物の牽《ひ》く無く、此の幽居《ゆうきょ》の情を遂《と》ぐ、微雨《びう》、夜来《やらい》過ぐ、知らず春草の生ずるを。青山忽ち已《すで》に曙《あ》く。鳥雀《ちょうじゃく》・舎《しゃ》を繞《めぐ》って鳴く。時に道人と偶《なら》び、或は樵者《しょうしゃ》に随《したが》いて行く。自ら当に蹇劣《けん》に安んずべし。誰か謂《い》う世栄《せいえい》を薄んずと。

唐の自然詩人韋応物《いおうぶつ》の詩である。何と肩の凝りが散るではないか。みんなえらくなろうとしてがつがつしている。労働者も支配者になろうとしている。教員も政権を打倒すると力んでいる。

蹇はびっこひくことであるが、自ら当に蹇劣に安んずべし。こういう人が一人でも多くなれば、どんなに世の中が善くなることであろう。

大雅《たいが》山人の墨竹を、観る者皆偽物とする中に、独り頼山陽が真として、「山人の書画は醜怪と謂うべし。而れども醜中・研を含み、怪中・正を蔵す。世の贋手は能《よ》く其《そ》の醜と怪とを贋《がん》するも、而《しか》れども其の研と正とを為す能わず」と論じている。現代に於て限りなく考えさせるものがある。

夏居独語

夏の都路《つじ》のこの雑路、虚子の句に曰く、汗臭く　生甲斐ありと　人に群れ。

町々には納涼の客を引こうと色々の施設が工夫をこらして待っているが、いかさま、銭出した　程は涼しく　なかりけり（一茶）。

雑沓《ざっとう》の都人、たまの休日には、世の中の　重荷おろして　昼寝かな（子規）がまず宜し。

さりとて、魂は　口からぬけて　昼寝かな（幽雨）はあさまし。

古妻の　遠まなざしや　暑気中《あた》り（草城《そうじょう》）は何やら厳粛なものさえ感ぜられる。

夏の星　影なつかしも　暮れかゝる（鬼貫《おにつら》）。夕暮の帰路、ふと足を止めて心は何処に引かれるか。

里の子や　麦わら笛の　青葉山（才麿《さいまろ》）の情景が瞼《まぶた》に浮かぶ。

憂き我を　さびしがらせよ　閑古鳥（芭蕉）はやはり思い出さずにおられぬ句である。

郭公《かっこう》啼《な》く　かなたに知己の　ある如し（蛇笏《だこつ》）はむしょう（無性）に旅情をそそる。

さてさて、其許《そこもと》は　涼しさう也　峯の松（支考《しこう》）。

先に生れた人達が何でも皆後の我々の思うことを言っている。感心したり、がっかりしたり、呵々《かか》頓首《とんしゅ》。

十月に思う

十友。名花十友といって、古人は好きな花を十人の友とした。荼蘼《とび》は韻友、茉莉《まつり》は雅友、瑞香《ちんちょうげ》は殊友、荷花《はす》は浄友、巌桂《もくせい》は仙友、海棠《かいどう》は名友、菊花《きくか》は佳友、芍薬《しゃくやく》は艶友、梅花《ばいか》は清友、梔子《くちなし》は禅友だと。人間にも十友が欲しいものである。

十年読書。早く窮達、命有るを知りしならんには。恨むらくは十年の読書せざりしを。これは有名な沈攸之《ゆう》（南史・宋）が心奥を吐露した言葉であるが、乱世・国事に身を挺《てい》して、非命に終った人であるだけ、尚更身に沁《し》むものがある。こういう心事が政治家にあれば、政治もどんなに調子が高くなるであろう。恨十年不読書ではおもしろくない。恨不十年読書である。

十略。中国統一の大志を抱いて失敗したが、亦是《またこ》れ一箇の英雄児であった前秦王・符堅《ふけん》に王攸《ゆう》が勧めた政略であるが、今日も思い出して切実なものがある。

㈠君の道は宜しく明なるべし。㈡臣は忠敬を尚ぶ。㈢子は孝養を貴ぶ。㈣民生は勤に在り。㈤教は偏党なし。㈥民を養うは恵に在り。㈦耆《き》賢を延聘す。㈧悪を懲らし、善を顕わす。㈨叛を伐ち逆を討つ。㈩易簡にして宏大。

㈩がよく効いている。今や何という術《て》のこんだ、せせこましいことであるか。

十中八九。フルシチョフの芝居がかりは益々盛んである。昨夜白楽天の詩を読む。古塚の狐の詩がある。その中の句に曰く、忽然一笑千万態。見者十八八九迷と。秋風やダレスの墓に老首相。

歳暮随筆

いつとても光陰の惜しからぬかは。まして年の暮るる名残《なごり》をや。ただ心身を恬静《かっせい》に

して、青春の到るをこそ迎えめ。　　畏庵随筆

わが思う通りのことをちゃんと畏庵が言っている。畏庵は若槻敬。文化文政時京都の隠儒。彼又曰く、

むらしぐれ、ふりみふらずみ定めなきは、人の喜怒哀楽の転移するに似たり。人よろこぶべきをよろこび、いかるべきをいかり、かなしぶべきをかなしび、たのしぶべきをたのしび、各々其の節にあたれば、雨歇《や》み雲消えて碧霄《へきしょう》の晴るるがごとし。

秋の嵐、松よりつたえて、夜の雨、芭蕉におとづるる燈の下に独坐して、人情世態思いつづくるにしたがい、藻塩草《もしおぐさ》のよしなし事どもを書集めて云々。　　三浦梅園叢書寛延庚午跋

今の世もこの清寂な時と心とを失いたくないものである。梅園この書に理屈と道理の別を説いて、尤《もっと》もらしい理屈を排した。現代は尤もらしい理屈の横行に悩んでいる。

愚者と悪人のうえは察し易く、賢人と佞《ねい》者のうえは暁《さと》り難し。佞は人を悦ばし、賢は俗に遠ざかる。声色に泥《なず》まざるは家を治むる一術ならん。わが歓ぶ所を捨てて人を

見るときは、その人見ゆ。古の人の言に、老いて後、妬婦《とふ》の功を知るといえり。意味ふかし。

滝沢馬琴・燕石雑志

智に上智あり、奸《かん》智あり。弁に寓言《ぐうげん》あり、邪説あり。よく諷諫《ふうかん》するを寓言といい、言の理義に合わざるを妄語というなり、稚児《ちご》の物言い習う頃、これに教ゆるにあらねども、三年にしてよく応答するよしは物言う中に育てばなり。妄語《もうご》の中に人とならば、いかでか妄語を事とせざらん。

同前

言論教養の大切なる所以。彼は性相近き也習相遠き也の論語陽貨の言にならって、性相遠く、習相近しと云っている。

歳を送る

蜀山人《しょくさんじん》は、今さらに　何かをしまん　神武より　二千年来　暮れてゆく年　と詠んだが、我々は、今さらに　またおしまるる　神武より　二千年来　暮れてゆく年。

古川柳に云、使うべき　金に使われ　老いにけり。少くとも、使うべき　金に使われ　暮れにけり――という大衆の嘆であろう。

去来は云、などてかく　いそがしいとて　二階から　落ちての後は　ひまになりけり。暮れじゃとてあわつまい、あわつまい。

芭蕉云、思ふこと　ふたつのけたる　其のあとは　花の都も　ゐなかなりけり（自得）。思うことふたつとは、もとより〝名と利〟のこと。長安名利の地。都はまさに名利狂騒の場となり、若き男女はエレキ・ギターにモンキーダンス。むしろ是れ現代日本自体の痛烈な自嘲であろう。思うこと　ふたつのくれば　都路の　人の騒ぎも猿山なりけり。

然れども川柳子は云、神代より　日月今に　地に落ちず。

まことに「夫れ世は末世に及ぶといへども、日月はいまだ地に落ち給はず」（謡曲安《あ》宅《たか》）――いかに誰かある。御前に候。

さても聊爾《りょうじ》を申して余りに面目もなく候ほどに、追っつき申し酒《しゅ》を一つ参らしょうずるにてあるぞ。（同前）

歳暮の箴《しん》

一　年また　ここに暮る。悔《くい》無きや。

二　ここに　この年を送る。一辞の自ら寄すべきありや。

三　ひそかに善事を行うて、この年の記念とせん。

四　自から宜《よろ》しく三宿を去るべし。

心中の宿慝《＊とく》。腹中の宿便。家中の宿塵。　＊慝とく、隠れた悪のこと。

五　元日曙色の気。除夜鐘声の心を忘れず。

元日酔語

元日　元日や　この心にて　世に居たし（闌更《らんこう》）

まずこの心にて始めましょう。

鄙吝《ひりん》を去る

けち、（鄙吝《ひりん》）な心を去りましょう。後漢の傑士陳蕃《ちんばん》は若き黄憲を珍重して、「吾れ数月の間、黄生を見ざれば、鄙吝の萠復た心に存す《きざします》」と告白しました。師友誌を読まざれば鄙吝の萠復た心に存すと思われるように本誌を作りたいと思います。

薬《やく》石《せき》

我々に有益な善言を薬石と謂う。薬石は能く病を治すからであります。人皆身体の為の薬石は欲しがりますが、案外心の薬石を求めません。

行《こう》屍《し》走《そう》肉《にく》

学を好む者は死すと雖も存するが若《ごと》く、学ばざる者は存すと雖も行屍走肉のみ。（拾遺記）

偶々《たまたま》交衢《ちまた》に向って立つ。長風我が襟を吹く。知らず来往の客。終日是れ何の心ぞ。（偶嘆・明・湯若士《とうじゃくし》）

願わくばこの嘆のありませぬように。

口頭の交

世をあげて何と口頭の交の多いことか。我々の耻《は》ずる所であります。唐の孟郊《もうこう》の詩に曰く、

古人、形獣に似たり。皆大聖徳有り。今人・表は人に似るも、獣心安《なん》ぞ測る可《べ》けんや。笑うと雖《いえど》も未だ必ずしも和せず。哭《こく》すと雖も未だ必ずしも戚《いた》まず、面に結ぶ口頭の交。肚裏《とり》・荊棘《けいきょく》生ず。

友に酔う

三国・呉の英雄周瑜《しゅうゆ》のことですが、先輩の程普が周を後輩として馬鹿にしていましたが、周は一向背丈《せたけ》をくらべませんでした。その中に程は到頭兜《かぶと》を脱いで申しました。「周瑜と交わるは醇醪《うまざけ》を飲むようなものだ。覚えずして自ら酔う」と。こういう風に友に酔いたい、又酔わせたいものです。

現代文化寸鉄集について
――寸鉄の解――

我々はとにかく現代の文化生活を楽しんでいる。然《しか》しすでに多くの人々が気づいている通り、この文化生活は決して健康なものではない。あらゆる方面において深甚《しんじん》な反省と警戒を要する。このままでは繁栄と享楽から破滅に転落する危険が著しい。このことは現代の識者を待つまでもなく、古来多くの先覚者達が頻《しき》りに警告してきたことである。

名論卓説が随分多い。然るに一般人の多忙と読書力・思考力の減退は到底これらの名論卓説を渉猟する余裕がない。それに元来印象・肝銘は片言隻句によるものが強い。要約されて核化されたものが大なる爆発力を持つからである。

古来寸鉄という語がある。本来の意味は小さな刃物のことである。白楽天の詩に、

言う勿《なか》れ分寸の鉄と。用を為せば乃ち長兵（箭鏃詩《せんぞくし》）

とあるが、全く使いようでは小刃も長大な兵器にひとしい。「寸鉄・人を刺す」とはよく世人の愛用する語である。南宋の大慧宗杲《えしゅうこう》禅師が当時の煩《わずら》わしい宗風を一車の兵器を弄《もてあそ》ぶものに比し、「我は只寸鉄あり。容易に人を殺すことができる」と言ったのを朱子が共鳴して、「儒より言えば、子貢の多聞は一車の兵器を弄《ろう》するもの、曾子の守約は寸鉄・人を殺すものである」と説いている（鶴林玉露《かくりんぎょくろ》・殺人手段）。

【解説】名論卓説の大論文よりも片言隻句の一言の方が人を動かすという論旨を立証する二例を挙げている。一つは、大慧禅師が禅門の煩雑な禅学体系を車に満載の武器に例え、「自分は詩偈《しげ》の片言隻句の寸鉄で人を殺す」といい、二つは、これに共鳴した朱子が子貢の博識多能を一車の兵器とし、曾子の誠実信義を寸鉄に例えて応した例。

唐の詩人盧仝《どう》は「臣に一寸の鉄あり。妖蟇《ま》の痴腸を刳《えぐ》る」というているが、我々もここに近代諸家の所見を集めて一頁宛《ずつ》に配し、寸鉄的にして現代文化という妖蟇の痴腸を剝ろうというのである。これを活用していただけば、文明生活の悪弊を除去する強力な兵器にもなるであろう。

屠蘇奇言

百のけて、相生年《あいおいどし》の　片白髪

一井鳳梧《いちのいほうご》、浪華の奇儒である。百十六歳で十六歳の妻があった。即ち百をとれば同じ年である。只一方が白髪であることだけはやむを得ない。元和《げんな》から享保まで、殆《ほとん》ど幕府前半を生きた人であるが、驚いたものである。

西洋にも一井先生に似た御仁《ごじん》がござる。ドフネル博士は百二歳で再婚、三人の子を生ませ、一八〇九年十二月五日、百二十歳で亡くなったと。

ウェストミンスター寺院はイギリスの名士の墓所として有名であるが、此処に葬られている一百姓がある。トーマス・パールといって、イングランドのシュロップシャーの百姓である。百三十歳まで故郷で耕作し、後ロンドンに出て、百五十三で腸を病んで死んだ。ノルウェーのドラーケンバーグはアフリカ海岸にて海賊に捕まり、五十年間九十一歳まで海上生活をし、百四十六で死んだ。――とアメリカ医学会の耆宿《きしゅく》ボリス・ソコロフが語っている。

八十一を合わせると半となる。八十一歳は半寿で、それ以下で死ぬ人間は夭折《ようせつ》の部類に属する。自重自愛。

河南省の懐州の西に王屋山あり。両虎猛闘して一山の樹石悉《ことごと》く震《ふる》う有様であった。一禅人錫杖《しゃくじょう》を振って割って入り、中裁したので二匹とも別れ去った。斉陳の頃（西暦六世紀前半）朝野《ちょうや》の崇敬《すうけい》を受けた僧稠《ちゅう》の逸話である。修業と達徳《たっとく》はここまでになる。中ソと自由共産両陣営の抗争を解散させる者はおらぬか。

緑蔭《りょくいん》静談

神も仏も決して人間を見放しておらない。何よりも子供というものがそれを報《しら》せて来ておるではないか。――と印度《いんど》の詩人タゴールが教えている。

神秘は何処にもある。君と僕とこうして緑蔭に同じ茶を飲み、同じ物を食べる。それがちゃんと君の身体になり僕の身体になる。学者の眼はいつも神秘を窺《のぞ》いている。

発明の手がかりは到る処にある。若い女の患者の胸にぴったり自分の耳をあてるのを遠慮した医者（一八一六年パリのルネ・ラエネク）が一枚の紙を筒にしてあててみたら、はっきり心臓の鼓動が聞えた。――聴診器はそれから発明された。

いかに多くの人々が酒も飲まぬに悪酔していることであろう。怒り・恐れ・憎み・

嫉妬・その他様々の悪感情の為に、胃の腑《ふ》の食物が醱酵《はっこう》し、血液中に毒素が生じる。いつも妻のうるさい愚痴や争い、夫のふしだらや怒鳴りに悩まされている様な人間は、始終悪酔しておるのと同じだと医学者は言っている。

世の中のいかなる遊休施設よりも、最ももったいないものは頭である。一般人は脳力の一〇%か一五%しか使っていない。頭脳は正しく使えば使うほど、その能力を増大する。古い脳から新しい脳を発達させる。脳は老いるということを知らない。生涯進歩しつづけるものだ。但《た》だそれに要する養分は正しい生活と道徳だ。仙薬《せんやく》は我が心にある。――とこれ亦医学者が覚《さと》っている。

人間味ゆたかな好話

九月二日病によって思いもかけぬお茶の水・順天堂病院の閑静な一室に療養の浄福を得た。窮途の光景歴《へ》ざるべからず。病中の趣味嘗《な》めざるべからず。

窮途之光景不可不歴。病中之趣味不可不嘗とは、まことに好聯《れん》の一であるが、今日これをしみじみ体験しようとは、実に意外であった。

【解説】真の人物となるには、困窮《(貧)》を体験する必要があり、病弱の苦労を実感する必要がある(つまり人間は、社会的困窮と身体的病弱とを体験してこそ大成できるという主旨)。

翌日早速《さっそく》友人が見舞に来てくれて、別段励ますためでも無さそうに、人間というものは後姿、特に肩のほとりを見ると、その人の生命力や運勢がよくわかるものであるが、貴方には一向そのへん淋しい影がない。すぐに治りますよ。まあお大切にと云って返った。

『孟子』にも「面にあら(見)われ、背にあふ(盎)る」と云っておる。後肩の在りようは古来相者も注意するばかりでなく、一般にも後姿というものがよく話題になる。然し達人となると又むつかしい。

その肩背について老生の記憶に一つの好話がある。有名な安楽庵策伝《あんらくあんさくでん》の『醒睡笑《せいすいしょう》』

の中に、「天竜寺の開山・夢窓国師は超過福僧にてましまます。僧形いかにも肩うすく、すぼみたり。人・拝顔をとげ言上《ごんじょう》する様、世間に貧窮の輩をば、なべて肩のうすい者とも、又無力すれば、肩がすばう（すぼむの意）たとこそ申しつたへ候へ。夢窓の御肩・輿さめてうすくすぼみたれど、福分におはしますはいかんと。さればよ、われが肩あまりうすくすぼみて、びんぼう神のゐ所がなさによとのたまへり」（同書巻八・頓作《とんさく》）と記録している。興味深い好話である。

古来奇形な石や木が南画・文人画の好題材であるが、人間亦然り。賢人達人ともなると、凡眼ではわからぬ風姿を現ずるものが少くない。人間も木石《ぼくせき》も芸術的には同じ対象である。

第二章　人間の根本

人々の案外知らない人間の天分

――世の鈍物魯生《ろせい》に期待する――

我々人間は、不幸にして生れつき病弱であったら、だめであろうか。生れつき鈍才だったら亦だめか。家が貧乏だったら、これもだめか。何かと生活の為に多忙だったら亦だめか。そんなことはその人間次第で、どうにでもなることで、運命というものも有るが、それは俗人にはわからぬ。俗衆の言う運命は宿命で、その宿命の中に立命というものもあることは言うまでもない。

病弱ではだめか。貧乏ではだめか。鈍才ではだめか。多忙ではだめか。そんなことは皆俗衆の言うことである。人間は元来天物《てんぶつ》で、神秘であり、俗衆に料《はか》り知れるものでないことは言うまでもない。

先日一盲客が来訪して、自分はヘレン・ケラー女史の伝記で救われたということを綿々《めんめん》と述懐するのに感動した。かの女史は世界的歴史的に有名なことは言うまでもないが、生れて二歳、すでに胃腸から来た脳膜炎で失明し、聾になった不幸な児であったが、G・B・サリヴァン女史に就《つ》いて学び、ハーバード大学を卒業し、ナポレオンと並んで十九世紀の奇蹟的人物と称讃されるに至った。

そんな例は特異なものと考えてはいけない。無名の盲名士は東西の歴史に決して少くない。大教育家のペスタロッチは鈍才少年であった。ニュートンやダーウィンも同類。そもそもナポレオンにしてからが、兄弟八人中一番出来の悪い少年であった。

世の鈍物魯生よ、安心して発憤せよ。

家庭と父母

「失せゆく家庭」vanishing family という問題がアメリカのマスコミで問題となって久しいが、最近では社会生活の激変、とくに事務の繁雑、通勤の遠隔、事業規模の拡散、業務活動の必要性などから、「見えざる父」invisible father や「権威放棄の父」the authority relinquishing father が多くなっているのも周知の事実である。しかしこの問題は、本質的には今も昔も渝《かわ》らぬ当人の自覚の問題であろう。

そこで西哲の名言に徴《ちょう》してみると――。

「父親が死んでも残念がらない根拠を、生涯かけて子供たちに与えている奇妙な父親が居るものである」。有名なフランスのモラリスト、ラ・ブリュイエールの語である。なるほど確かに居る。他人事とも思えぬ語だ。

「ばかはいつでも同意する。ばかな女の頼みなら」――H・ハイネ。辛辣《しんらつ》だなと苦笑させられる。「機智豊かなある婦人が、ある時私に、彼女の同性の秘密をまことによく表していることを言った――女は誰でも、愛人を択《えら》ぶ時、自分自身がその男をどう思うかということよりも、外の女たちが彼をどう思うかということの方を多く計算に入れるものだ」と。これはフランス革命の頃の有名な思想家シャンフォールの名言として伝えられておる。

「私はドイツの母親、ドイツの婦人の家庭的な伝統の中に、我々の政治的未来に対する、我々の築くいかなる要塞にもまして確固たる保証を見る」とは鉄血宰相ビスマルクの名言であるが、さて今日我が日本の方は如何なるものであろうか。

地の塩たる人々

――読書余録――

忙中・閑をぬすんで、古人の名著などを拾い読みしておると、思わずつりこまれて要事の方を忘れてしまい、気がついて独り苦笑するようなことが少くない。

ある朝、文庫に入って必要な参考文献を探しておると、久しく忘れておったカーライルの名著『英雄及び英雄崇拝』が目についた。何ということなく手にとって散見しておると、ふと心をひかれる一文に出会った。

「偉大な、静かな人！　軽薄な言論、浮薄な行動の多い、騒音に溢れた味気ない世間を見廻せば、思考は好んで沈黙の勝れた王国に向う。高貴な、静かな人々、それはあちこちに散財し、それぞれ己が領域を守る。静かに考え、静かに行い、新聞に載ることも無い人々！　それらは誠に地の塩である」。――まことに同感である。

嘗《かつ》て印度の国師マハトマ・ガンディは、「大衆を指導しようと思う者は、断然大衆に指導されることを拒否せねばならぬ」と青年たちに力説した。民主々義は衆愚政治に堕《だ》し易いが、ガンディの言葉は特に政治家に願わしい名言である。「大衆の声――それらはいくら集まっても、騒音になるばかりで、音楽にはならぬ」とトーマス・マンが喝破《かっぱ》しておったが、志有る人々は独立独行を恐れてはならぬ。

日本の思想界にもよく知られたソ連の詩人・パステルナーク Pasternak（一八九〇―一九六〇）も「群居《ぐんきょ》は凡庸な人間の最後の逃避場だ。真理を求める者は〝独《ひとり》〟にならねばならぬ」と言っているが、古来東洋の哲人はみな〝独〟に徹した人々である。志有る人々は群衆に誤られてはならぬ。

無頼の風・フーリガニズム

第一次大戦の直前、ロシアはその社会学者たちの所謂《いわゆる》フーリガニズム hooliganism に悩まされた。無法・無頼のことである。

有名な作家メンシコフはその機関紙ノヴォエ・フレミアに、ロシア全土を通じ到る処フーリガニズムが甚だしくなり、フーリガン（無頼漢・無法者）は一般人の脅威となっている。犯罪者の数は年を逐《お》うて激増し、警察官は奔命《ほんめい》に疲れ、裁判官は山積する事件に困惑している。すでに内乱は群衆の胸底に行われている。この疫病は一種の無政府主義である。今日堕落して罪悪を犯す者は変質者ばかりではない、一般大衆も亦同傾向を持つ――と警告した。

戦後のアメリカでも同様の現象が目に余るようになり、今日米国の市民を恐怖させておる暴漢は社会革命的感情を持っており、社会秩序に対する反抗心を本能的に抱いていると社会学者たちが指摘している。

文明世界到る処、音楽・文学・演劇等を通じても、伝統的な事物、在《あ》り来《きた》りの秩序に対して、特に理由とて意識せぬが、とにもかくにも面白くないという不平、激しい反抗が基調になっている事実も明瞭である。これらの気分と無法・無軌道を引締《ひきし》めることが今日自由諸国の最も難かしい問題と言って過言ではあるまい。

然るにこういう世の中になると、指導者や善人達はどういうものか弱気になって、愚かな親が不良の悴《せがれ》や娘をかばいだてするように、何とか尤《もっと》もらしい理屈を拈出《ねんしゅつ》して、力《つと》めて宥恕《ゆうじょ》しようとする。その結果は恐ろしい破滅を招くのである。

人は善を見て喜び、悪を見て怒る人間本来の素直な良知良能を失ってはならない。

鼠と人間
――サイケデリックに陥るな――

現代は恐るべき巨大都市・過密市民と群衆妄動の時代になって来た。人間は群衆の中に居るというだけで、一種不可抗的なものを感ずるようになり、独りの時なら決してそんなには考えも行いもせぬことを、群衆に混ずると、突風に捲かれた木の葉の様に、忽《たちま》ち野蛮人の群と化してしまう。一時の現象・一片のスローガンに昂奮《こうふん》して、何をしでかすか分からぬことは社会学者の説明する通りである。

ジョン・カルフーンの鼠の生態研究は識者の多大な関心を呼んだ。鼠の群棲《ぐんせい》を限度と思われる数の二倍の密度まで殖《ふ》やして観察したところが、鼠の社会の正常な機能は激しい混乱と崩壊に陥った。従来の家族グループ組織は捨てられ、一群の雄鼠は凶暴になり、加虐性（サディズム）が昂《こう》じ、乱交が始まり、雌鼠は子鼠の面倒を見なくなり、不潔や乱雑が平気になり、ヒッピーや瘋癲《ふうてん》のようなものも続出し、死亡率が急激に増加し、特に幼鼠の死亡率は七五％に達した。死んだ鼠を解剖してみると、肝臓や副腎などに顕著な異常性が認められた。

人間も鼠もこの点全く変ることはない。そして高等動物ほど、まして人間は、自己保存と進歩向上の必須条件として、独り在ることの自由と静寂とを要する。

現代人は段々「独」を失い、群に混じ、その半面、救いをＬＳＤの様な幻覚剤に求めて、それから生ずる恐るべき幻覚を愛して、そこから所謂サイケデリック文芸を作ろうとさえしている。

日本国民よ、世紀末的頽廃《たいはい》よりまず自己を救え。

誰が罪　Whose Delinquency

詠人不知

左の一篇は最近南オーストラリヤの某誌所載の作品 Author Unknown として知人の報じてきたものである。脚韻を踏んだ詩篇の体だが、便宜翻訳して誌友の参考に供する。

新聞や放送で、殺しだ盗みだと到る処犯罪の報を聞く。
この若い世代の情勢に注意しては、人々皆歎息して語る――すべて結局どうなることか。
然しそれは独り彼等の過《とが》と断言できるであろうか。
その一部は我々大人共自身の過ではないのか。
甚だしい金銭の浪費
やくたいもない時間の空費
激情と犯罪の夥《おびただ》しい映画
読むに堪えぬ出版物の濫作《らんさく》
耳に入るのは悪物語ばかり
家を留守にしがちな親達の為に放浪を余儀なくされる子供の群
子供は映画など作らない。
彼等はギャングやごろつきの不埒《ふらち》な挿絵入りの本など書かない。
彼等は酒など造らぬ。バーにも走らぬ。法律も作らぬ。車も買わぬ。頭を壊す麻薬など作らぬ。それはすべて儲けに貪欲な大人共のしたことだ。非行犯罪のラベルは大人共にも亦《また》ぴったりだということの真実を、いかに多く発見することであろう。

右は世の大人達に確かに冷水三斗の感がある。風を移し俗を易《か》える（孝経・楽記）とか、風を変じ俗を移し、海内《かいだい》を化す（史記・平津公主父偃《しゅほえん》伝）ということを、今にしてつくづく思い知るものである。

曲学阿世——古来大学というもの——

曲学阿世《きょくがくあせい》の一語は故吉田首相の放言で新しく有名になったが、今になってその曲学阿世の弊害は極まると云ってよい。それと共に大学生の墜落妄状も亦言語道断である。然しこれ亦歴史に鑑《かんが》みれば敢《あえ》て驚くべきことでもない。南都《なんと》（奈良）北嶺《ほくれい》（叡山）といえば当時教学の本山であるが、王朝末から鎌倉時代へかけて、いずれも闘諍《とうじょう》の場であり、白河法皇をして賀茂川の水とすごろくのさいと共に、我心のままにならぬものと歎ぜしめた山法師《やまぼうし》輩は、正に今日のヘルメット・ゲバ棒学生 hooded hooligan の古代版で、此等に愛想をつかして奮発した真剣な求道者によって始めて新仏教は興ったのである。今日もこれから脱然として新しく真の正学を興す青年の輩出すべき時である。

漢の初に、硬骨の学者轅固《えんこ》は、衒学《げんがく》的な公孫弘《こうそんこう》に、「正学を務めて以て言え、曲学以て世に阿《おも》ねるなかれ」（史記儒林伝）と戒めた。曲学阿世の出典として名高い。学者というものは昔から今の所謂《いわゆる》進歩的文化人の源流をなす者が多い。諸葛孔明の時代（漢末三国）も、「大学の諸生三万人皆斗筲《としょう》（ます・ふご、けちなやから）の小人なり。君子之を恥ず」と云われており、八大家《はちたいか》文で名高い一人の柳宗元《りゅうそうげん》も、「僕は少い時、大学に游《あそ》んで先生の説を聞き身を立てようと思ったこともあったが、当時多くの人々が、大学生という奴らは聚《あつ》まって朋曹《グループ》を作り、先輩を侮り、賢者をばかにし、学業をだめにして、うまくたち廻り、悪い言論をもったいつけ、暴力に訴えて、長上をないがしろにし、役人を罵倒するばかりで、そういう仲間からはっきり別れて独自の勉強する者など滅多に無いというのを聞いて大いに驚いた」（与大学諸生書）と云っている。寄ると集ると、どうすりゃいいかと言うが、師申公が天子に対えた通り、「治を為す者は多言に及ばず。力行《りきこう》の如何《いかん》を願う耳《のみ》」（史記儒林伝）である。

心聾悪智

心聾《ろう》

ということあり。心聾とは心の耳つぶれという文字なり。鈍なるものは耳の遠い様なり。人の云うことをちゃくとは聞き得ず。さらば耳が遠きかと思えば、耳は遠からず。心が鈍き故に、耳に入りながら、心に合点《がてん》する処遅きによりて、耳の遠きようにあるものなり。

まさしく耳には入れども、心を得ざるなり。心聾とこれを云うなり。

（沢庵・玲瓏《れいろう》随筆）

利根《りこん》の失

利根の人は妙旨《みょうし》すくなし。鈍根《どんこん》に妙旨あり。利根の人は疾《と》く走り行きすぐるを、鈍根の人は漸々《ぜんぜん》にその理を尽す。

利根の人はよく前言を記す（記憶している）。これを説くといえども妙解すくなし。鈍根の人は多言にわたらずして、一言一句の上に於て、久しくこれをとどめて思惟《しい》するゆえに、利根の人よりも却《かえ》って妙解をうるものなり。

山に入り菓《このみ》を拾い、茸《たけ》を採る。茸多きを心にかけて、はしる人は却ってこれを得ず。はしりすぎたる跡を認めて、却って多きを得るものなり。

多きを思うものは多からず。多きを思わざるものは多きに至る。事万事にわたるによってなり。（同前）

学人の悪智

学をする人はかならず悪慧《あくけい》《（わるぢえ）》を生ず。その故《ゆえ》如何となれば、人を超えんと欲して才ある人を圧す。しかも又不才のものを笑う。眼を高くして人を直下に見る。

無学の人は諍《あらそ》う所なし。これ学力なき故、我が本然の心を存するなり。学をする人は曲節多く、学無き人は直心なり。学をする人は人を疑い、学無き人は人を信ず。信はそれ万行《まんぎょう》の終始なり。只《ただ》学をなして悪慧を求めんよりは、寧《むし》ろ無学にして自己を存せよ。

往昔《おうせき》は学びて道を明《あき》らめ、身を直くし、心を清くす。今は学びて悪智を長ず。これ時なり。（同前）

現代のイデオロギー禍と曲学阿世の流行にあたって、言々句々肺肝に入るものがある。

月と人間

青天・月有ってより来幾時《このかた》ぞ。我れ今盃を停《とど》めて一に之を問う。人・明月に攀《のぼ》るは得べからず。月行却って人を相随《したが》う――と李白は詠《うた》った（把酒問月）。その月に到頭《とうとう》人間はアポロ十一号を着陸させて、人間の足跡を月の地上に印した。李白が生きておったら、どうしただろうと思う。

然《しか》し李白はまあ措いて、各国の人間は何と思っておるだろうか。只感激・感歎ばかりではあるまい。アポロ成功の日の世界的反響の中に、私の記憶に印したものの若干を録する。


人間は自分のことの解決を除いては、何でもやれる。——英・ガーディアン紙。

この大事業を成し遂げた国が、未だに国内の社会問題を解決できておらない以上、これは人類に対する問責でもある。——英・タイムズ紙。

米ソ両国が月征服に投じた資金と熱意を地上の問題に投じておったら！　地上の現状は、史上最も混乱していると云っても過言ではないのに。——英・デーリー・テレグラフ紙。

ダイアナの凌辱。我々の力は強引に延びるが、神よ！　願わくば力に伴う人間の傲慢と危険とを救わせ給わんことを。——英・フィナンシャル・タイムズ紙。

孰《いず》れも同感と、深省を催《もよお》させるものである。

曾《かっ》てロンドンを恐怖に陥れたV2ロケット開発者、米国に帰化してサターン・ロケットの生みの親ともなったフォン・ブラウンは、「アポロ十一号の飛行士が月に降り、地球に帰る日が、私の生涯のVデーだ」と記者に語ったが、もっと深刻な感慨を聞きたかった。

月に対して今年の秋思ほど複雑無限なものはない。

昭和元禄より昭和桃山へ
——堕落より磊《らい》落へ、デカダンよりガストウへ

経済の繁栄と、生活の享楽、目を掩《おお》わせる犯罪の横行や、風俗の放縦《ほうじゅう》などを見ると、心ある人々は誰しも繁栄の裡《うら》の没落ということに思い到って心を暗くする。

すでに第一次大戦後、日本に流行したエロ・グロ・ナンセンスは、今日もそのまま更に病的に一世を風靡《ふうび》している。然《しか》し生命本然の反撥力は、すでに色々の方面に於て、これを排除し、解脱《げだつ》しようとする動きとなって現われて来てもおる。

この時、性急に剛健だ質実だと提唱するだけでは効があるまい。むしろこの堕落を巧く磊落《らいらく》の風に、即ち物に屈託せず、線を太く、大まかにやってのけるという風に転化させることはできまいか。昭和元禄（実はとても元禄の様な元気も活力もない。化政—文化文政とでも言うべきもの）より、昭和桃山へと言ってもよい。戦国末期、所謂安土《あずち》桃山時代は、荒々しい時風の中に、磊落闊達《かったつ》の趣《おもむき》があった。

有名な日本通の英国外交官サー・ジョージ・サンソムは、この時代を日本人の生活で最も目ざましい時期として、英国が大発展した代表的なエリザベス時代に比し、当時孰《いず》れにもあったガストウ gusto の風を礼賛している。

ガストウとは心から快とすることである。talk with gusto といえば快談のこと、work of noble gusto といえば高懐の作のことである。

折角の経済繁栄を止め処なく、卑屈に下劣にしてゆく享楽生活の惰風《だふう》から一転して、次第に豪放闊達な桃山風に、デカダンをガストウに持ってゆくよう、特にマスコミや政財界の有志に憤発《ふんぱつ》してもらいたいものである。

人間と時代の機微

年頭来書の中に、「文明を誇る人間に、豺狼《さいろう》の様な所業の甚だしくなった世界の危機」という一文に出会って、ふっとシェークスピアの文句が念頭に浮かんだ。

ハムレットの中に、「人間というものは何と霊妙に出来たものであろう。理性に高貴、才能に無限、形も動きも優れて美しい。挙止《きょし》は天使の如く、智慧は神を想わせる」――とある。始めて読んだ大学生の頃、これに思わず唸ったものである。

ところが彼の喜劇ヴェニスの商人の中で、高利貸のシャイロックに、グラシアーノをして、「貴様の、その山犬の様な魂は元来狼に宿っていたのだ。その狼の魂が貴様の身体にもぐりこんだのだ」――と怒鳴らせている。孰《いず》れも斉《ひと》しく人間である。

こちらの方にも狼人・狼性・狼心というような漢代からの古語がある。文明とは要するにこの人間の身体にもぐりこんでいる狼性・狼心を叩き出して、聖性・仏性・神性に還すことに帰する。これが真の革命である。

この頃も又新たに推重されているスペインのオルテガ教授は、その革命の戦士を以て自任するボルシェヴィストについて、「私は信条のことで議論するのではない。納得できないのは、一九一七年に共産主義者が革命を行ったのだが、それがあらゆる以前の革命と全く同様の経過をたどり、以前のものの弱点や誤謬《ごびゅう》を些《いささ》かも修正していないということである」と歎じている（大衆の反乱――現代の未開的風潮と歴史）。彼は尚「十九世紀の最後に於て、野蛮への逆転が始まった。過去を持たぬ、或は過去を忘れた人間の、無内容と未開とへの逆転が」――と直指《ちょくし》している。

二十世紀も終りに近づいた今日、文明の至極が誇り語られる今日尚又人間しかも青年学生に、無内容と未開とへの逆転が横行している。これが救われずして何の進歩か。

ある婚礼披露の席にて

富者は人に贈るに財を以てし、仁者は人に贈るに言を以てすということがあります。私は仁者でもありませんが、時々思い出して感心する経の名言がありますので、新家庭を営まれるに当り、この言を御贈り致します。

〔夫は妻に〕

㈠　愛して礼を失わず。

㈡　自ら良心に背くべからず。

㈢　家事を委付*す。

＊まかせる。こせこせ干渉しないこと。

㈣　家祭を忘れず。

㈤　倶に清話*を楽しむ。

＊家庭では、とかく他人の蔭口や、くだらぬ話になりがちである。家庭でこそ気持の好い話がほしい。

〔妻は夫に〕

㈠　先んじて起く。

㈡　後れて臥《ふ》す。

㈢　和言*す。

＊なごやかにもの言う。

㈣　意に先んじて旨《むね》を承《う》く。

＊口に出して言われぬ先にちゃんと夫の希望する所をのみこむこと。

㈤　道を聞くことを好む。

〔親族に〕

(一) 随時*・物を贈る。

*盆とか暮とか、きまりきった形式的贈物ではなく、気がついた時に何でもよい真心のこもった贈物をする。

(二) 事無*くして偶《たま》々訪う。

*用事のある時だけ訪《と》うというのではなく、別段用事のあるわけではないが、何ということなく、ふらりと寄ってみる。

(三) 小信*を忽《ゆるがせ》にせず。

*平生何でもない一寸《ちょっと》した約束事など好い加減に抛《ほお》っておくようなことをしない。

(四) 退い*て怨誹《えんぴ》無し。

*蔭にまわって怨みごとや悪口を言わない。

(五) 有事相済《すく》う。

右は主として六方礼経《らいきょう》や善生経《しょうきょう》などから取ったものであります。

家庭の頽廃

去月五日東京新聞の特輯《とくしゅう》記事に、中学の先生が生徒に狂歌を教えて我が家を詠わせた作品の発表があった。実に恐るべき家庭の堕落頽廃をよく表現している。これは最も憂うべき民族の重患でもあることを慎思《しんし》せねばならぬ。

哀しさは　勤めに出ての　たまにする　母の話題の　そのくだらなさ（中三男）
あの親爺　大学出たのはほんとかな　どうもあやしい　教養の無さ（中三男）
あなたのネ　パパがはたらき　ないために　こんな暮しをと　母の口ぐせ（中二女）
あんな人　えらんじゃだめよ　あたなはネ　体験がにじむ　母の口ぐせ（中三女）
心から　すがりつこうと　する時に　いつも父さん　逃げてしまうよ（中一女）
人なみに　叱られてみたい　時もある　俺の親爺は　俺がこわいのか（中二男）
家庭とは　父きびしくて　母やさし　それでいいのだ　うちは違うが（中二男）
残業と　母から電話　父と吾　ボソボソ食べる　味けない夕飯（中二男）
地獄だな　心通じぬ　人たちが　いやでも同じ　家にすむとは
みんなだめ　顔とげとげで　いらいらで　他人みたいな　わが家一族（中三女）

稚拙なものであるが、孰《いず》れも痛いほど現実をつかんで投げ出している。

政府や議会の堕落紛乱《ふんらん》、これは固《もと》より恥ずべき憂うべきことである。会社や産業の不振衰微、これも困った苦しいことである。犯罪の横行、公害の蔓延、これ亦一日も棄て置けぬ恐ろしいことである。

然し国家として、民族として、最も根本的本質的に危険なことは家庭の頽廃堕落である。国民が相愛し、相信じ、相扶《たす》け、相和してゆく家庭を荒《すさ》ませ、亡ぼすことは、やがて国民・国家の破壊であり、滅亡である。この頃のリブだの、脱だの、反などという軽薄無頼の横行に対して、世の識者や指導者達の猛省憤発を切望する。

名士・聞人と朋党

荀子の名論

孔子が魯の相となり、施政の最初に時の有名人（聞人《ぶんじん》）少正卯《ぼう》を誅《ちゅう》した。門人はその祟《たた》りを恐れたが、孔子は断言した。

人に許すことのできない五悪がある。盗竊《せつ》などは問題でない。一は何事にもぬかりがなくて、心が険しい。二に、行う所辟《へき》して、而《しこうし》て堅い。三に、言うことは偽であって、しかも弁説に巧みである。四に、多くのことを知っておって、そして多方面にわたっておる（博）。五に非行を敢てして、表を飾ることがうまい。

この五つの者はその一つでも君子の誅を免《まぬが》れることのできるものではないが、少正卯はこれらの五者を兼備しておる。故に彼の居る処、徒を集め、群を成すに足り、言談は巧邪を飾り、衆を惑わすに足り、その強力はまちがっていても独立するに足る。此れ小人の桀雄《けつゆう》なる者である。誅《ちゅう》せねばならない。くだらぬ人間の群集などは憂うるに足らぬ。——荀子の中の名論である（宥坐）。

欧陽修の朋党論

大凡《おおよそ》君子と君子とは道を同じうするを以て朋《とも》となり、小人と小人とは利を同じうするを以て朋となる。此れ自然の理なり。

然れども小人の好む所の者は禄利《ろくり》なり。貪《むさぼ》る所の者は財貨なり。その利を同じうするの時に当っては暫く相党引して以て朋と為るも偽なり。その利を見て先を争い、或《あるい》は利尽きて交疎なるに及んでは反《かえ》って相賊害す。その兄弟親戚と雖《いえど》も相保する能わず。故に小人朋無し。その暫く朋となるは偽なり——。

ラブリュイエールの寸鉄

党派根性は最も勝れた人間をも集団の中の小人にする。

＊フランスの代表的モラリスト。「人さまざま」

新人間ドック入り

身体精密検査より心体精密検査

人間ドックにはいって厭な精密検査をしてもらうのも意義はあるが、それより我が心体精密検査の方がもっと有効有益である。

一　日常飲食は質量共に適正か。

二　毎夜眠の具合はどうか。安眠・熟睡ができるか。
三　自分に適当な運動をしているか。
四　自分の心身に影響する悪習はないか。
五　自分は生活の諸問題に一喜一憂し易くないか。何か有っても平常通りに執務できるか。
六　自分の仕事にどれだけ自信と希望があるか。
七　自分は有益な内面生活を有するか。
八　自分は誠の親友・良友を持っておるか。
九　自分は日常座右を離さぬ良書を持っておるか。
十　自分は独自の信念・箴規《しんき》・信仰の類を内具しておるか。

心体検査は無限神秘

我々の群居生活は余りに雑駁《ざっぱく》で喧騒《けんそう》である。ソローがすでに言っておるが、世間の交際はあまりに安っぽい——我々は息つまるようにくっつきあい、互にぶつかりあっている。しかもそれで自らごまかしあっていると。

之に対して孤独よりも遙かに静寂な友交もある。それは正しく解釈すれば完全にされた孤独である（R・スティーヴンソン）。青原禅師は群居論道せず。瑩山《けいざん》禅師は之を不抜《ふばつ》の行持《ぎょうじ》と讃した。

我々の心体精密検査は実に精密深遠極まりないと共に、又誠に平明簡易でもある。

老朽と若朽

文明と学術の進歩は偉いもので、到頭《とうとう》日本も、平均寿命が男で七十に達し、女はそれを越すに至ったと一般に喜ばれている。一説によると、今後医学医術の発達は人間を百歳ぐらいまで生かせることもできるであろうということである。

然るに一篇の小説から始まって、老人のぼけることの意味に使われた恍惚《こうこつ》の語が流行する。これは真面目に考えねばならぬことである。

人間の寿命が延びたということは老化現象が後れるということ、若さが長く保たれるということとは違う。第一に乳幼児の死亡が著しく救われるようになったこと。これがぐんと平均寿命にひびいている。次は手当が良いということ。そのお蔭で死を免れることが多い。

然し文明の進歩が、予期できなかった公害を著しくした。これは多くの人々も気がついてきたことであるが、案外気づいておらぬことは、自分を使わなくなったこと、鍛えなくなったことである。代表的に言えば、足も頭も使わなくなったことである。

人間はその足を使わなくなると、文字通り不足する。健康に甚だしく悪影響を起す。足は直ちに腰に及び、足腰の弱りは老化現象を著しくする。頭脳に至っては、本来正しく用うれば用うるほど良くなり、又難しい問題と切磋琢磨するほど益々良くなること、脳医学が究明していることであるが、文明人ほど一般にその脳を使わず、せいぜい五%乃至《ないし》一三%しか使っていない。

そこで死ぬよりも早くぼける人間が多くなってきている。ぼけて長生きするほど無意味なこと、悲惨なことはない。恍惚の二字をやがて改めねばならなくなるであろう。

日本人は今や政治的にも教育的にも若朽老朽の人間が恐ろしく殖え、ぼけや狂が多くなった。日本人を善く鍛える教育家、政治家が出なければならない。

言語応対

言語というものがいかに微妙なものであるかということは改めて説くまでもない。そんな原論はしばらく措いて、この頃世人《せじん》の言葉づかいの悪くなったことは、何とも不快なことである。それはそのまま世の中、人間の悪くなった何よりの証拠である。無教養な人間は別として、相当の知識階級、どうかすると所謂《いわゆる》名士になる者にもその厭味が少くない。

江戸の遊女で名高い高尾がある都上りの気障《きざ》な客人に意見した――

あなた様は田舎でお歴々のお方ですのに、近頃江戸衆の流行言葉などをおまねになるのは、まことに嫌味なことです。好い男と、金を使ってみせる人と、はやり言葉とは、私たち皆嫌っています。唯在《ただあ》りのままでいる人の方が好ましい。そうした在りのままの人に愚かな方は無いものです。決して都会人士のまねなどなさいますな――。

その時、座にいた貫支という人の物語だと『俳懺悔《はいざんげ》』に伝えている。今も共鳴させられる逸話である。

挨拶などに至っては、まことにつまらなくなったものである。古人挨拶の妙に至っては語って尽きぬものがある。

寛政三博士の一人柴野栗山《りつざん》が当時詩文を以ても有名だった大典《だいてん》禅師とついぞ語りあう機縁が無かった。一日ある名士の催した会席で、ぱったり出会った。大典の方から声をかけて、「柴先生ではありませんか、お初にお目にかかって嬉しう思います」と言ったら、栗山答えて、「上人とは嵯峨の花見や広沢の月見でお見かけしています。今日は又不思議な処で御同席致しました」と言ったところ、大典少しく赤面された由。然しそこが又流石《さすが》に学者だと感心する者もあったと云う（菅茶山《かんちゃざん》・筆のすさび）。

まことに味のある話である。一時対話というものが流行ったが、この頃の議会問答など愚劣極まる。こういうことにも覚世の機微がある。

失せゆく家と父　vanishing family

この頃の世の中、特にマスコミ、女のことばかりとりたてるが、今日もっと大切なことは男の方の問題である。人間社会の基盤はもとより家庭であるが、今の日本に最も近しいアメリカ社会に、この頃失せゆく家庭 vanishing family ということが問題になっている。

始《はじめ》の中《うち》はマスコミが要するに妻――母を専《もっぱ》ら取扱っておったが、今や父を問題としてきたのである。社会生活の激変が、一般家庭の子女にとって次第に invisible father「見えざる父」を多くしているのである。

事務の繁雑、通勤の遠隔、事業規模の拡散、業務活動の必要性等から、とかく父は家庭に安居しない、しておれない。朝早く出で、夜晩《おそ》くなり、出張旅行が多く、休みとなればゴルフ等に出かけてしまう。アメリカでも、becoming a father is easy; being a father is difficult――父となるは易い。父たることは難い。

家庭は専ら妻たり母たるものの責任を重しとして、夫たり父たる者には、扶養の責任を除けば安楽休養の天地であるとする在来一般の通念は、大いなる誤りであること敢《あえ》て言うまでもない。父母倶《とも》に存する以上、母は子にとって愛の化身であり、父は敬の本尊である。母には甘え、父には親しむと共に畏敬の念を懐《いだ》く（これを古い思想と思う者は新しい学問を知らぬ恥ずべき人間である）。それは父の権威である。

ところが、文明社会の堕落はこの父を次第に多く invisible father にすると同時に the authority relinquishing father、権威放棄の父たらしめておるというのである。このアメリカのマスコミに散見する言葉に、私はわが日本もすでに同病の憂を深く感ずる。日本の議会人、マスコミ人、活動家、教師諸君の深省を悲願する。

第三章　人生を活学する

ある王と羊飼いの話

幸福とは人間の一般的な欲求の満足から生ずるものである。而《しこう》してこの状態の実現は、主として全般感覚にかかるものである――とは精神分析の某大家の「人格とその分析」という大著の中にある名言？　であるが、善良な凡人は御免蒙《こうむ》る外あるまい。今や世界人類が全体的に幸福というものを失ってしまう新しい大厄を感じておるのだが。

西洋のお伽噺《とぎばなし》にこんなのがある。昔栄耀《えいよう》栄華の中に暮らしていた或る王が一向に心楽しまず、真の幸福を求めてやまなかった。偶々《たまたま》ある有名な占師が、何でも願いごとをかなえる道を教えてくれるという評判で、早速王は彼を招いてその幸福を求める道を聞いた。

占師は、「それは簡単なことです。国中を探して、真に自分は幸福であると思っている人間を見つけ出し、その人間の着ている下着を譲ってもらって身につけることです」と教えた。王は大いに喜んで、早速国内隈《くま》なくその人間を探させたが、誰も彼も不平不満を並べる人間ばかりで、真に自ら満足している人間が見当らない。

偶々一人の捜索使が、ある山中の羊飼いの男が悠々《ゆうゆう》として、日々の生活に満足しきっているのを発見して、「何でも望みの品を与えるから、どうかお前の肌着を譲ってくれ」と頼んだところが、その男は当惑して、上衣の胸をはだけて見せた。何と肌着など着ておらないのである。（S・カンドー・永遠の傑作）

――これなら誰にもよくわかる。学者馬鹿とは本当だ。

当今の時世は誰も彼も不平不満を怒号して、虫のよい御託《ごたく》ばかり並べている。その根性を叩き直さねば、いかなる政策もうまくゆくわけはない。哲人宰相が出ないものか。せめて国民に一大覚醒を興す内閣を造りたいものである。

「一隅を照す」とその新説について

最近毎日新聞に、「一隅を照らす」は誤読か？　と題して、伝教大師のこの名言は、

「社会の片隅を照らす人間になれ」といった形でしばしば引用されるが、実はこれが、まぎらわしい大師の筆跡を読み違えたために起った誤解で、大師の理想は「千里を照らす」人間の育成にあった――という関西大学薗田教授の新解（新刊岩波・日本思想大系の最澄）を大きく取りあげて紹介したことから、多年この一燈照隅・万燈照国（万燈遍照）を対にして、広く世に提唱して来た師友会の人々から、頻々《ひんぴん》として問合せがあるので、取敢《とりあえ》ず本欄に答解しておく。

同教授は大師の山家学生式《さんけかくしょうしき》自筆本を見て、「照于一隅」の「于」が「千」、即ち照千一隅と読まれること。その文中、戦国の昔、斉の威王が魏の恵王と狩猟に相会して、魏王のお国自慢に、径寸の美玉《びぎょく》・車の前後十二乗を照すものが十枚もあるといったのに対して、斉王は、我が国宝はそんなものとは異り、名臣四人有り、此等の四臣は将《まさ》に千里を照らす者であると云った故事を大師が引用して、「道心有る人、名づけて国宝と為《な》す。故に古人言う、径寸《すんけい》十枚是れ国宝に非ずと。照千一隅此則ち国宝なり」とあるのは、大師が「径寸十枚」「照千一隅」の対句に約されたものであると思われるから、千里を照す一隅だと考定している。

然し于と千について、天台教学の大家福井康順《こうじゅん》氏も、于を千の様に書くのは大師の筆癖である。

照千一隅では意味をなさないことを指摘し、中国文学の入矢義高教授も同意で、大師は漢文にも達し、こんな句を作るわけはないと否定している。照于一隅は福井教授の解説にもあるが、「一隅に照る」と訓《よ》むが妥当である。然し語呂が悪い。我れが自ら居るその一隅を照らすという意味で、一隅を照すと訓んで宜しい。山家学生式の本旨にも此の方が契合《けいごう》するものである。

人間と狂った猿

波動力学や癌の研究で名高いA・セント・ジェルジ A. Szent-Györgyi 教授（アメリカ・海洋生物実験研究所）が数年前『狂った猿』という著書を出して識者の話題を賑《にぎわ》したことがある。その中の説に、物理学者がその研究経験から得た一つの法則は、起こり得ることは起こるということである。

発射準備のできた二千の原子爆弾がある。それらは全世界を破壊することができる。もしそれらの一つが発射されれば、残りの総《すべ》てが発射されることになるからである。凡《およ》そ二千のボタンが押されると、全人類が滅びる。各々のボタンに四人が一組になって就いている。それらの面々に人間の運命がかかっているわけである。その人々がどんな人間か我々にはわからない。その人々のだれか一人がボタンを推すことになる確率はゼロではない。何かの誤りや或《あるい》は発狂の為である。

周知の通り、人間は時に全く非合理的になり得るものである。二年前私の実験室の動物小屋が、ある暴漢によって壊された。それは全く何の意味もない所業であった。その実験室には数百の動物が居ったが、殺されて海に投げられてしまった。

人間は超音速の飛行機や月ロケットを造ったりする程度には賢いが、人間社会を造るのには適していない。人間は皆原爆の使用を恐れているというが、事故が起るまではのことである。道徳心のみがこの災を防ぐが、現代の支配者にそれが無いと歎じている。

丸の内の三菱重工前に時限爆弾をしかけた悪漢のことを思うだけでも教授の考があ

ながち奇矯と言うこともできない。この頃の日本に横行する思想・言論・行動の無頼性・凶暴性を見るにつけても、世紀末的憂慮を禁じ得ぬものがある。之を救う為には、やはり取敢ず優れた勇気と英邁《えいまい》な政治を要する。日本の卑俗な群小政治家や煽動屋《せんどう》の徒《いたず》らな喧騒を悲しむ。

二十五時

疲れた、もう寝ようと思って、時計を見たら丁度午前一時である。途端にふと「二十五時」という語を思い出した。終戦直後に日本でも、弘く読まれた小説、ルーマニアの作家V・ゲオルギウの作品の題名である。一日二十四時だから、二十五時は午前一時になるわけだが、もうそうして夜の明けるのを期することのできない暗黒、それが二十五時というわけである。

彼は作中の人物、詩人的・予言者的作家トライアン・コルガに語らせている

——人間はどんな動物でも馴らすことができるが、しばらく前から地球上に動物の

新種が現れた。その名を「市民」という。彼等は人間と機械との新種として生れ、事務所というものの中に住んでいる。これは一種の退化種族であるが、地球上の最強のものである。人間に似てはおるが、人間的ではなく、機械的に活動する。心臓の代りに一種のクロノメーター（経線儀・精確な経度測定機）を持っている。その欲望は野獣的である。彼等は全世界を侵略している。

――彼等は解放された奴隷とはちがって、新たな技術奴隷である。彼等の共通性は自動性・画一性・没個性である。人間は段々その固有の原則を棄てて、この技術奴隷の原則に従う。この人間廃業の最初の徴候《ちょうこう》は人間の蔑視《べっし》である。人間は単なる機械的存在、技術社会の一員にまで下落する。そこでは人間の個性や自由などお構いなしに、専《もっぱ》ら技術的法則に基づいて、抽象的計画を操《あやつ》りながら労役する。そこにある使命は只《ただ》一つ生産だけだ。――

これは過去の一作品として忘却に附するには余りに深刻痛切な問題である。良心や反省や羞恥や遠慮を無くして、只動物的機械的に組織行動する大衆社会とその職業的指導者をどう処理するか、英邁《えいまい》な為政者が出てこないと、段々日本も二十五時に近づく感を深くする。

黒甜《こくてん》余記

昼寝を黒甜というのは詩人の皆使っている言葉である。甜《てん》は甘い、うまい（美味）という字であるから、まことにうまく形容したもので、東坡居士《とうばこじ》の「三杯軟飽の後、一枕黒甜の余」など、いかにも好句と感心させられる。

「人間という奴は何という霊妙な作りものであろう。理性に高貴、才能に無限、形も動きも勝れて美味しい。動作は天使の如く、理解は神を思わせる」。――これは『ハムレット』の中にある。いかにもうれしくなるが、一転『ヴェニスの商人』の中には、ユダヤ人の高利貸シャイロックをさして（第四幕人間裁判）、グラシアーノ曰く、「貴様のその山犬の様な魂は元来狼に宿っていたのだ。その狼の魂が貴様の身体にもぐりこんだのだ」――と喝破させている。そういえば、此方《こなた》にもちゃんと狼人とか狼性という熟語があり、狼心という語もある（後漢書南匈奴伝等）。

二十数年前（民国二十三年）北京から李宗吾という人が厚黒学《こうこくがく》という本を書いて、面皮の厚、腹の黒い人物でなければ乱世に成功せぬと、三国志の英傑連を論じている（中国及中国人・近著佐藤慎一郎選集中にも出ず）。ひどい本である。こうなると昼寝も黒甜でなく、黒苦になるからおもしろくない。

昼寝の足を伸ばした途端、又ふと思い出したことがある。ピドスコープ（足裏観測器）というものである。静岡大学医学部の平沢教授の足の裏研究になるもので、この器械の厚いガラス板の上に人間を立たせると、その人の足裏の形と重心が写る。之によってその人の体質や性格の状態、異常性などがわかる。武芸の勝負の際、その人の重心が安定した一瞬、筋肉の収縮による放電が休止するという。まことに神妙なものである。

人間の研究は頭の先から足の裏まで、まことに不尽の妙意に満ちている。生きておれば、やりたいことが数限りない。今まで何をしてきたことかと思わず欠伸《あくび》しながら歎息する次第である。

眉《び》談《だん》

久しぶり高野山に上り、多くの仏像を観て、その眉字《びう》に感動を覚えるものが屢々《るる》有った。

眉というものは神秘なものである。人相家は眉を保寿官といって、その人の寿夭《じゆよう》・栄枯・兄弟親疎等を見、両眉の間を印堂と謂い、命宮と称して、特に重視する。素人目にも眉間《みけん》の晴々したのや、曇っていることなどはよくわかる。

唐の玄宗時代の名臣に房琯《ぼうかん》という哲人が在ったが、この人は元紫芝《げんしし》（名徳秀）という高士にすっかり傾倒して、紫芝の眉字を見れば、人間名利の俗念など無くなってしまうと歎じた。仏像の名作にも此の感がある。

中国画壇の逸話に眉を描く名妓の事があったが、それにつれて、ふと明治の美人画の大家上村松園《しょうえん》を思い出した。松園は美人画を描く場合、一番むつかしいのは眉である。眉は人間の蔵《かく》された内面の情感を如実に表現するものとした。その傑作「序の舞」は大画面に一人の女、松園自身、「私の理想の女性の最高の者」と云う「会心の女性の姿」を描き、「序の舞はごく静かで上品な気分のものであるが、その優美の中に毅然として冒しがたい気品の女性を描いたつもり」とその『青眉抄』に語っている。

鏑木清方《かぶらぎきよかた》の文集『蘆の芽』にも彼独得の美人観がある。

――ほんとうの優れた美女は当世風や男好きなどの一段上に超然とした、時代を越えた存在と称する位な、それを掟《おきて》とすべきではなかろうか。そう詮議《せんぎ》してくると、世の中に美人というものは滅多にないということになる。索《もと》めても索めても徐福が尋ねた蓬萊《ほうらい》の島の様に、何処かにあるかも知れぬが、いつめぐり逢えるかわからない。それがまことの美人の姿ではあるまいか。――彼の名作築地明石町はその一つの表現であろう。

【解説】徐福は、秦の始皇帝の命で不老長寿の仙薬を探しに東海に浮かぶという仙人の住む蓬萊の島に向かったが、再び帰らなかったという伝説（つまり、ありもしないものをありもしないところにもとめる虚妄のたとえ）。

乱世と学問

今の時は未だ大乱に及ばずと雖も、乱の勢萌《きざ》すこと已《すで》に久し。一朝一夕の漸《ぜん》に非ず。愚人は事変に達せず。昔年の泰平を以《もっ》て今日の衰乱を計る。謬《あやま》れる哉《かな》。凡そ学の要たる、周物《しゅうぶつ》の智を備え、未萌《みほう》の先《せん》を知り、天命の終始に達し、時運の窮通を弁じ、曰若《ここ》に古を稽《かんが》え、先代廃興の迹《あと》を斟酌《しんしゃく》し、変化窮まり無き者なり。墳典《ふんてん》に心を遊ばしむれば則ち塵累《じんるい》の纏牽《てんさく》無く、書中故人に遇《あ》えば、只聖賢の締交《ていこう》あり。一窓を出でずして而て千里を観、寸陰《すんいん》を過ぎずして万古を経《ふ》。楽の尤《もっと》も甚だしき、此に過《す》ぐるは無し。

【大意】世の中には治乱興亡の時勢という大きな変動がある。今はまだ乱に至っていないが、乱の兆候が見られて久しく、昨日今日のことではない。愚人にはこの変動がわからず、過去の治世をもって現在の乱世を理解しようとしているが、大まちがいだ。そもそも、学問の要点はすべてにわたる知恵をもってまだ現われない時勢の変動を予見し、天命の全体像を把握し、時の動向が困窮にあるのか通達にあるのか見きわめ、現在から過去を考察し、歴史から治乱興亡の原理を考察するなど千変万化するところにある。

古の聖人賢者の古典に親しめば、俗塵に迷わされることもなく、古の聖賢と出会って心の友とすることができる。書斎の明窓浄机に向かっているだけで、世界中のことがわかり、少しの時間の読書によって悠久の歴史の跡を辿ることができる。この精神のよろこびは、他にくらべるものがないほどだ。

右は花園天皇（第九十五代、後醍醐天皇の前代）宸記《しんき》の中の御文章である。天皇は養徳、学問、識見、風雅凡《すべ》て超凡にわたらせられ、その御日記（宸記）など後世識者の感嘆やまぬものである。特にその誡太子書（御姪量仁《かずひと》親王。後の光厳《こうごん》天皇）は識者が古今の傑作と驚嘆するものであり、曾《かつ》て本会講座で謹講したことがある。此処にその御製和歌を附記する。

世の中に　偽る道の　たつならば　正しき神を　たれか仰がむ

今更に　わが私を　いのらめや　世にあれば世を　思ふばかりぞ

誓ひおきし　心の末の　違はずば　神と人との　道もみだれじ

ともしびに　われもむかはず　ともしびも　われにむかはず　おのがまにまに

小夜ふくる　まどのともしび　つくづくと　かげもしづけし　われもしづけし

後の二首は光巌《こうごん》院の御製という説もあったが、花園天皇の御製と校定されている。

春　愁

書冊《しょさつ》をひっくり返していたら、ふと佐藤春夫の老残歌、昭和三十八年春、同氏遺稿中より発見されたものというのが現れた。

国破れて山河あり。秀麗なりしを、背に腹は代えがたく、産業大いに興り、空はスモッグという毒霞立てこめ、清流は毒液をまじえて死魚を浮かべ、大臣はトランジスターのセールスマンを兼ぬ。

官庁とホテルと都には高楼多きも、土一升金一升。畳一畳。庶民は枕するに処なし。我ら不毛の野に住まねど、食うに糧《かて》なし。沙漠に生きねど、飲むに水なきを如何《いかん》せん。物価倍増に喘《あえ》ぐ家々に、慈母を職場に送ってさびしき子らは、皆非行少年になりゆくとか。

知らず国の前途を憂うるは誰ぞや。教育者は月給値上げに余念なく、憐むべし昔東海の君子国、今世界の犯罪国となり、婦女を犯し、小児を奪う者あとを絶たず。君子ら現に争うて梁上《りょうじょう》にあり。廟堂《びょうどう》の人ら汚職を事とす。

かかる国土に咲き出ずるを恥じてか、わが伝来の名花は絶えなんとして、遠く異邦の河畔に匂うとぞ。多謝すフランス文化相アンドレ・マルロー氏遙かに国宝女神像を送り来て美を教え、この国の映画女優らをして美しくもなき裸体をさらすを反省せしむ。

テレビジョンやラジオや、アンテナ林をなして家々にゆきわたりぬ。一億白痴化とは言わじ。もと賢明なるにあらねば。

着物は着れる。物は見れる。彼女は来れる。わりかし、いかす、ハッスルとやら、卑俗なる国語の普及に日も夜も足らず。蓋《けだ》し文部省の国語教育に協力するか。その美化と鈍化とは忘れられ、国語をだに満足に語り得ざるは、げに奇怪無比の文化国なるかな。

一読して苦笑、又憮《ぶ》然・概《がい》然として筺《きょう》中に納めた。そして煙草。隠元禅師煙草の偈《げ》に曰く、一管の狼煙《ろうえん》呑んで復《また》吐く。恰《あたか》も炎口《えんこう》鬼神の身の如し。当年鹿苑《ろくおん》斯《こ》の草有らば、五*辛を説かず六辛を説かん。

＊五辛は仏家道家の禁忌《きんき》する五種の辛き蔬菜《そまい》・韮《にら》・蒜《にんにく》の類

病の六不治・国手の不在

史記列伝（第四十五）の中に、名医として後世日本にもよくその名を知られている扁鵲（へんじゃく）の伝がある。その中に、不治の病として六種をあげている。

其の一は、驕恣《きょうし》にして理を論ぜぬもの。なーに俺は元気だ、病気なんぞにかかるもんか。そんなことは問題でないとばかりに医者の言うことも受けつけないもの。

其の二は、身を軽んじ、財を重んずるもの。常識では身体と財とを引換えにする馬鹿は居らぬ筈《はず》であるが、さて仕事熱心である上に、責任や競争や意地や義理などが加わってくると、いつしか軽身重財が事実となってくること世にありふれた問題である。

其の三、衣食・適する能《あた》わざるもの。これも一寸《ちょつと》考えると何でもないことの様であるが、冷静に反省すると、なかなか容易ならぬことで、いかに多くの人々、しかも知識人・教養人を以て任ずる人々まで、この意味で知らず識らずとんでもない誤りを冒しておるか、計り知れぬものがある。

其の四。陰陽幷蔵《へいぞう》気定まらぬもの。幷《へい》は混合や過剰で、有名な古医書素問の生気通天論にも幷すれば乃《すなわ》ち狂すとある。凡て調和と控えめ、俗に言う腹八分目が大切である。

其の五。形羸《つか》れて薬を服する能わざるもの。これはもとより言うまでもない。もう身体が薬をも受けつけないものである。

其の六。巫《ふ》を信じて、医を信ぜざる者。これ亦言うまでもあるまい。然し今日科学の世の中と云っても、まだまだざらにあることである。伝には、「人の病《うれ》うる所は疾の多きを病え、而て医の病《うれ》うる所は道の少《すくな》きを病う」と云っている。病む所以を能く知り、その正しい療法を知る人間は案外少いものなのである。

今の世の社会的政治的疾患、というより今や正に深刻な病世であるが、名医に該当する文字通りの国手、国を医《い》する名手もしみじみと欲しいものである。

閑濛想——思いのままに

妄想ならわかるが、濛想《もうそう》なんて何のことかと思う人もあろう。これから記すことは妄想ではない。静坐の脳中に濛々として起る想念なので、かくは名づけたわけである。

まず念頭に上ったのは、「世に不思議は多いが、人間より不思議なものはない」という古希臘《ギリシア》の詩人ソフォクレスの語である。

先刻一読したものだが、机上に友人が送ってきたアラブ・イスラエル忿《ふん》争に関する記事がある。その結論に、アラブ側も、イスラエルの人民に対して、生きる権利を否認するのは自ら人間たるの意義を失うものであるとしておる。同感である。

フランスのクロード・モルガン（脱共産党作家）が、「道徳の荒廃の上には、何ものをも建設することはできない」と歎いている。それから濛起《もうき》したのは陳習庵（朱子と同時代の哲人）上書中の言。

今日の敝《へい》は人心の合わざる、紀綱《きこう》の振わざる、風俗の淳からざる、国敝《やぶ》れ、人渝くして救うべからざるより大なるはなし。――之を養うに正を以てし、之を励ますに実を以てし、天下の公論に従って以て庶政を新たにすべし――。

然しこれは言うべくして、なかなかむつかしい。ふっと故末広《すえひろ》（厳）教授の戯作《げさく》、役人三訓を思い出した。

凡て役人たらんとする者は

(一)　万事について、なるべく広く且浅き理解を得ることに努むべく、狭き特殊の事柄に興味を抱いて注意することなきを要す。

(二)　法規を楯にとりて、形式的理窟を言う技術を修得することを要す。

(三)　平素より縄張り根性の涵養《かんよう》に努むることを要す。

同教授存命ならば、議員（或は党員）三訓を作ったかも知れない。

幕末土佐藩の重役吉田東洋の手紙に党と政とに関する痛論がある。「党とは小人姦《かん》邪《じゃ》の心を以て手を組み候名に御座候。頽廃を慮（おもん）ばかり、因循苟且《かりそめ》に打過候わけ無之、因循苟且に打過候こそ、頽廃の基に御座候」。英国保守党の名宰相ディズレーリ曰く、「自分は善事にはあくまでも保守。悪に対しては断乎たるラジカリストである」と。善哉々々。

元日の夜の楽しい話

暮にとどいた老友の嬉しい便りに、先年いただいた養寿規のおかげで益々健祥《けんしょう》ですとあった。その便りで自分自身改めて之を思い起した。

〔養寿規〕

㈠　早起静坐、梅干茶を服す。

㈡　家人に対し、温言和容を失わず。
㈢　養心の書を読み、養生の道を学ぶ。
㈣　老壮の良友の交わり、内外の時勢に通ず。
㈤凡て宿滞を除き、陰徳を養う。
何でもないことの様でむつかしく、むつかしい様で何でもない。

〔**先生**〕
これは人に対して最もよく通行している熟語であるが、穿《せん》さくすればなかなかむつかしい。
私の好きな出典では、韓詩外伝の中に「古の『道を知る者』を謂うて先生と曰ふは何ぞや、猶『先醒』と言ふごときなり。道術を聞かざるの人は則ち得失に冥《くら》し。乱の由る所を知らず。眊《ぼう》々乎として其れ猶酔へるがごときなり」とある。全く痛切な解である。
先醒どころか、先醒眊々の甚だしい者が多いことはなさけないことである。

〔面背〕

誰もよく知る『孟子』（尽心上）に、「君子・性とする所は仁義礼智・心に根ざし、其の色に生ずるや、睟然《すい》として面に見《あら》われ、背に盎《あふ》れ、四体に施《およ》ぶ。四体言わずして喩《やわ》らぐ」と云っている。顔が人を現す鏡の様なものであることは誰も疑わぬが、背というものが案外よく人を表すものなのである。

よく後姿が淋しいと評するが、肩背とはつまりその後姿の標準で、人焉廋哉（論語為政）——「人いづくんぞかくさんや」とは言い得て妙である。顔はつくろうこともできるが、肩背はどうにもならない。曾てある新聞の歌壇で、「観客を　笑わせし漫才師　笑い無き　その背を見せて　ステージさがる」とあるのを見てより時折思い出すことがある。まあまあ易に云う通り、「天行健なり。君子以て自強不息」である。ゲーテの日用心法も「急がず息《や》まず」Ohne Hast aber ohne Rast と云う。

人間を知らぬ人間

脳の重さは体重に対して、子供は六%、大人は二・二%。脳への血液流入量は、体内血液総量に対し、子供は四〇%、大人は二〇%であると云う。

浄・不浄と明暗の感覚は二歳にして生ずる。これが道徳の一根源である。わが神道の根本精神は徹底的に之を把握している。

子供は三、四歳頃から道徳意識が生じ、七歳頃には大体の型が定まる。五、六歳から嘘をつくことを覚える。そこで三歳から六歳までに性格を造る教育が必要である。性格の基本としては、正直・明朗・勇気・清浄・同情・義侠・反省等を挙げることができる。性格には感情的要素の方が知的要素より重い。五歳頃から道徳的感情が長ずる。

性格に次いで大切なのは能力であるが、知能は生後三年にして脳髄は大人の八〇%程度に発育する。そして遅くも四、五歳から知能が開け、七、八歳から十四、五歳頃まで著しく発達し、それよりは徐々に十七、八まで進歩が続く。

記憶力は七歳で出来上り、十五、六歳までが最も盛んである。注意力は十歳頃完成する。その頃顎骨《あごぼね》等も発育する。芸能・技能・即ち想像力・表現力・機械的能力等備わる。音楽・語学等この頃が最も好適である。それまでに習慣・行儀を身につけさせねばならぬ。

子供の不良化は九、十歳が始《はじめ》の門で、少年犯罪研究の大家アメリカのグリュック教授の研究によれば、五、六歳で、その傾向がわかる。十四、五歳になれば、人格は立派に備わる。古人がこの頃元服の礼を行ったのは正しい。

子供の無邪気を喜んで、自由放任を善しとするのは、とんでもない謬見《びゅうけん》誤解で、不仁の甚だしいものと謂わねばならぬ。

「生れ子の次第次第に智慧つきて仏に遠くなるぞ悲しき」（中沢道二《どうに》道話）という道歌がある。盤珪《ばんけい》禅師の作と伝うるが、深省すべきことである。

医哲の自動車教訓

亡き名国手《こくしゅ》A・カレルがその遺著生命の営みの中に書いた現代人に親切な教訓を私は度々《たびたび》車の中で思い出す。

――フランスの文明は（本来著者はフランス人）欧州の全国民から羨望《せんぼう》されておった。それは多くの学者芸術家作家達の選良を出し、国富は高まり、真に偉大な国家であった。然しその中に早くも頽廃の証左《しょうさ》が存しておった。一八三〇年頃から顕著に文明病が昂進《こうしん》しておったのである。

然し決定的な現証は遙かに遅れて判明した。元来人間の身体は甚だしい逆境にも堪え得る殆《ほとん》ど奇蹟的な能力を賦与されておる。然しそれも適応能力の限界に達すると、種々の混乱が現れてくる。例えば道徳的堕落・精神薄弱・神経欠陥・犯罪性・妊娠忌《き》避《ひ》等々。有機体が構造に必須の規則に従って操作されない機械の如く活動すると破滅する。

第三速（自動車運転の最高速）から突然逆進に移ってはならない。ましてモーターの中に水や砂を入れてはならない。人間の生き方も、自動車の例の如く、あらゆる過ちは報いを受ける。故に家庭であれ、国家であれ、民族であれ、禁ぜられたものと、許されたものとの区別を知らぬ者は、破滅・退化・死に転落する。且《かつ》、この刑罰は自動的に行われる。自然理法に反するものは、事物に存する内部構造の単純な作用によって絶滅される。

――文明の病気と世界戦争は、人間が自然理法を犯したことの必然的結果である。努力を知らずに育った子供や青年は、昔からの文明を継承するには余りにひ弱い。従って大人になっても軽薄惰弱で、創造的大業などできるものでない。女も女としての務めをすることができず、又欲しない。

こういうことから、国民・国家の弱体化を生ずる。此れを救う犠牲的努力は決して英雄や聖人のみに存する徳ではない。それは万人によって実行されねばならぬ。それは人間生命の厳しい法則である。――

我々の一燈照隅・万燈照国に対する実に好い註釈ではないか。

人間と観相——修養のちかみち

人相というものは大切な意義がある。「どの面提《つらさ》げて」とは痛切な語である。然し相にも形相あり、色相あり、神相（無限の遺伝性を表す人相）あり、なかなか凡眼でわかるものではない。だから古人の相書に、「相に訣《けつ》法無し、乱言すべからず」と戒めてある。然し相を説いた書の中には、なかなか痛切な、そして誤りの無い名言も多々あって、自省修養に甚だ有益なものも少くない。むつかしい修養書などより、親切で反省改修し易いものも多い。

坐っておる姿体はどっしりしておらねばならぬ。つっかい棒の要るような（体提）のはよくない。身体がゆるぎ、足は乱れ、頭の垂れるのもいけない。歩く姿はまっすぐ（正直）で、ゆがんでは（偏歪曲屈）ならぬ。つまり頭はまっすぐ、腰はきまり、胸はあがって（昂。低の反）おるべきで、身体がまがり、頭をゆさぶり（揺頭）、蛇のように曲って歩き（蛇行）、雀のようにぴょんぴょん（雀竄《じゃくそ》）し、腰が折れて、頸《くび》がゆがんでおる（項歪）のはいけない。

特に女人に七賢四徳の説がある。

一、行歩周正。面円体厚（どっちかというと、丸顔の肉づきの好いこと）、五官（眉目鼻口耳）そろって正しく、三停（額、眉から鼻端まで、それ以下即ち顎まで）の釣合い好く、容貌が整って、ひきしまっており、べらべら喋舌《しゃべ》らない（不泛《はん》言語）、坐る姿も眠る形も正しいのが好い。

以上が七賢で、四徳とは、

平素、人と競争などしない。どんな苦難にも怨みごとを言わない。飲食を節する。好いことを聞いても大袈裟にびっくりしたり、喜んだりしない（聞事不驚喜）。能く尊敬する（人が尊敬するのではない。自分自身、他の立派なことに感動すること）。

一々尤《もっと》もである。世の中にはこれと一々反対な利口馬鹿が少くない。目がぎらぎら（眼露白光）、やぶにらみ、ぬすみ視《み》、よたよた歩き（鵞行鴨歩《がこうおうほ》）、独りごと（自言自語）などみな好くない。此れ以上は遠慮しておこう。

途上車中——人間諸態

朝な夕な途上車中多くの人々を見ておると、色々の事に気がつく。人間百態とでも言おうか。一つの活学である。

寒い日に多いが、ズボンに手をつっこんで歩いているのは好くない。恰好ばかりでなく、そもそも危険である。

相者の説に鵞《が》行《こう》鴨《おう》歩《ほ》ということがある。文字通り鵞や鴨の様に尻を振ってよたよた歩くものである。ぴょんぴょん歩くを雀《じゃく》歩という。腰がほっそり（細）して肩のあたり寒そうなのも腰細肩寒といって善くない。わき目や頭を垂れていること、斜視偸《とう》視（ぬすみ視）、独り言《ごと》（自言自語）、肩をゆすって（揺）歩くもの（一歩三揺）案外多い。姿勢の直《すぐ》でない、傾いておる（偏斜）のもよく見かける。きれぎれにものを言う（一語三断）のもいけない。蛇の様に曲りくねって歩いたり、鼠の様にボリボリ食うのは蛇行鼠飡《さん》といって忌む。話中によく眼を閉じたり眉をしかめたりするのもいけない。

坐することどっしり、肩肱《かたひじ》を張らず、首筋（項《うなじ》）正しく、体ゆたかに、起坐ものの静かなのが良い。猿の様に、鼠の様に、馬の様に食うのは良くない。

相者に七賢の説がある。

㈠　行歩周正。

㈡　面円体厚。どっちかといえば円顔で、身体の肉づきもよい。

㈢　五官倶正といって、顔の造作も正しく、

㈣　額と目鼻口とあごと、これを三停というが、よくつりあいがとれ、

㈤　容貌がととのって、きりっとしており、

㈥　言語をみだりにせず、

㈦　坐眠ともに正しいことを云う。

特に婦人については五徳といって、

㈠　平素・人と競争しない。

㈡　苦難に遇うて怨言《えんげん》しない。

㈢　飲食を節する。

(四) 事を聞いて驚喜しない。即ち大袈裟な表情を出さない。
(五) 能く尊敬する。
なるほど心がけの良くない男も同様だが、女もとかく人にけちをつけたがる。——途上車中もこんなことに注意したり、思い出したりしておると興味深いものである。

名人佳話

宮本武蔵に関する逸話の一であるが、武蔵がある日名古屋で尾州藩の槍《そう》術指南役であった田辺長常を訪ねた。その時たまたま玄関に居あわせた長常は、佇立《ちよりつ》する武蔵を見て、これはみごとと嘆じ、しばし見つめていたという話を尾州柳生の直系である柳生厳《とし》長氏から聞いたことがある。

又同氏の談に云、新陰流兵法目録始終不捨巻に、心之持所三関というものあり。尾州柳生八代厳《とし》春道機斎の書に、心の持所と云《いう》は、腹・背中・西江水と三つなり。——

腹をおしおとす心持なれば、背中の中筋に力わたるなり。その二つこりてかたまらぬように、総身へ心のたんぶとわたって、りきみもなく、ぬけた所もないを西江水というなり――とあり。柳生但馬守宗矩《むねのり》六十歳の時の秘伝書に、「一・西江水・ソノママノスガタ」とか、「西江水・心を定め、たんぶと水に入て、敵をのんで以て不動と云心也」と。古人名人のひそかな工夫の深厳さにうたれる。

柳生流奥旨《おうし》の西江水は別として、荘子の外物篇に西江水の話がある。

昨日途中で私を呼ぶ者があるので、ふりむいて見れば、車の轍《わだち》の中に鮒《ふな》がおる。やって来い。お前どうした。鮒答えて曰く、わたしは東海の役人のはしくれです。一寸ばかり水を出して活かしてくれませんか。よし、わしはこれから南国の王の処に行く。「西江の水」を廻してお前を迎えさせようか。鮒は怒って、わしは水がちとばかりあれば活きられるのだ。何言うか！　そんなら魚屋の店に往って乾物の俺を探せ。――

いや、おもしろい。全く以てこの頃の世の中も、間に合わぬ・とぼけた人間の話が何と多いことか。

早春偶記

風光は我々の精神の情態に外ならない。――瑞西《スイス》の哲人アミエルの日記に在る名言の一であるが、古来多くの人々が同様の感懐《かんかい》を伝えている。

自然の風光は常に人々にとって新しい感動である。先日庭前の梅花を見て、ふと曾て山中梅花に対し「天地寂寥《せきりよう》・山雨歇《や》む。幾生修し得てか梅花に到らん」（宋・謝畳山・武夷《ぶい》山中の詩句）の句を連想したことを想起し、どうしたわけか、又マルクス・アウレリウス語録の中にある

――人の生命はいかにはかないものであるかを思い、謙遜に満足した心を以て世を終るがよい――熟した橄欖《かんらん》の実が、自分を生んでくれた大地を祝福し、自分を育ててくれた木に感謝して落ちるように――

という語に思い及んで佇立した。

「蝸牛角上《かぎゆうかくじよう》何事をか争う。石火《せつか》光中此の身を寄す。富に随い貧に随《したが》って且《しばら》く歓楽せよ。

口を開いて笑わざるは是れ癡《ち》（痴）人。」という白楽天の「酒を勧めらるるに答う」の詩もおもしろい。

街頭を往来する婦人の服装を見ながら、ふと幕末の名詩人梁川星巌《やながわせいがん》の賢妻紅蘭女史の詩も念頭に上った。

無題――

帯姑随世闊其幅。
衣不趨時多著綿。
又是禦冬一良策。
貧居秖合簡而便。

帯はしばらく世に随ってその幅《はば》をひろくし、衣は時にはしらず多く綿をきる。又これ冬をふせぐ一良策。貧居ただまさに簡にして便なるべし。

今こんな話はそれこそ話になるであろうかどうか。さて又思い出す一詩、

偶値翻成訝。如君不易尋。
出門因酒癖。謝客為淫書。

久坐傾愁抱。高談遇賞心。

明朝風日暇。余興約登臨。

たまたま値《お》うて、かえってあやしみをなす。君の如きは尋ね易からず。門を出ずるは酒癖による。客を謝する（ことわる）は書に淫するが為なり。久坐愁抱（平生のうさ）を傾け、高談・賞心に遇う。明朝・風日の暇《いとま》。余興・登臨を約す。

明末苦節の詩人呉梅村《ごばいそん》の「偶値」（たまたま遇うて）である。

お伊勢詣り　参道の白沙を歩みつつ静かに思ったこと

先日多くの同志を連れて、永遠の静けさ清さの中に白沙《はくさ》を踏み、先導の神職の後に続いて歩みながら、自然と色々な思いが脳裏を去来した。

戦後間も無い頃、日本はどうなってしまうだろうかと心ある人々一様にささやいておった中に、誰であったかその名を忘れてしまったが、勝れた外人識者の一人が、もし日本人の中に民族の魂を喪失しておる者があれば、その人々に伊勢詣りをさすがよい。丁度英国人がウェストミンスター寺院に、アメリカ人がアーリントンの国立墓地、ゲッティスバーグの古戦場などを訪れる時の様に、久遠の静けさの中に存する崇高な神官は、日本人の魂の中に在る不滅の貴いものを現じておるからである。

そしてこのお伊勢詣りが終戦後も絶えることなく続き、しかも年々激増しておるということは、日本にとって何よりも頼もしいことであると評論しておった。勿論挙例《もちろんきょれい》が比倫《ひりん》を失したものであることは別として炯眼《けいがん》であり卓見であると思う。何処《どこ》の国でも同じと思うが、質朴な田舎の人々に堅実で正しい常識や信仰が保持されておるものである。

戦後イデオロギーだのデマゴジーだのが流行して、よく喋舌《しゃべ》る人間が活躍した。中共とソ連との間のイデオロギー闘争などがその極端な一例で、愚劣と驕浮《きょうふ》を極めたものであったが、やがて自然消滅した。

近代の大学教育は堕落した。真実の文化というものからはすっかり異端に走り、自己を反省し修養するというようなことはまるで忘却されてしまい、教授と学生との間は疎遠になり、曾てのゆかしい校風などは消滅してしまった。大いなるルネッサンスが渇望されるとは識者の斉しく語る所である。日本が今日の様なことで、果してどうなるものであろうか。

祈りだ！　黙想は果しなく続くのであった。

鎖暑《しょうしょ》慎言

一夕浴衣《ゆかた》に着更《が》えたとたん、夏衣《なつごろも》ひとへにわれはおもへとも人の心にうらやあるらん――こんな歌が念頭に上った。幕府初期の名著醒睡笑《せいすいしょう》（安楽庵策伝《あんらくあんさくでん》）の中にあったものである。気のきいた作だと思う。

すると又一つ別のものが思い出された。「雑談に心の奥の見ゆるかな、言の葉ごとに気をつかうべし」。全く仰せの通りであるが、左様仰《さようおお》せられても、凡人にはとてもできないことで、雑談案外実談で、気をつけなければならぬということがわかればよい程度に心得てもよろしかろう。

それはそれとして、識者の雑談の中には又時々傾聴すべきことも少くない。過日も深く心に印した話が数々有るが、その一つ、このごろ衣食が豊かになるにつれて、アレルギー性疾患が特に児童少年の間に激増して、小児科病院などは辟易《へきえき》しておると云《いう》。大気の汚染・騒音・飲食の過多等悪原因を数えあげれば限りないが、最も普及しておる日常の飲食、卵・牛乳・アイスクリーム・清涼飲料類、ナイロン・テトロン等々化繊の衣服寝具類凡て有害を免れない。

強い種々な刺戟《しげき》が肉体や精神に及ぼす悪影響は常識の及ばぬものがある。人々の呼吸や発汗がそれを鋭敏に実証する。液体空気で冷却した硝子《ガラス》管（零下二一七度まで下る）の中に息を吐きこむと、息の中の揮発性物質が固まり、無色に近い液体になる。その人間の憤怒はその管内に栗色の滓《おり》を生ずる。悲哀はそれが灰色に変ずる。

一時間の憤怒の息滓《そくし》は恐るべき殺生猛毒を含むと云。彼奴の毒気にあてられたとは正しく科学的真実であり、和気藹々《あいあい》も単なる形容詞ではない。

科学は今や大いなる哲学であり、貴い宗教ともならねばならぬ。くだらぬ享楽や忿《ふん》争《そう》に明け暮れしておるべき時勢ではないのである。

思いがけない世事雅話

自分の専門とする学問研究は別として、時々気まぐれに、何ということなく、座右に在りあわせの書を拾いあげて漫読《まんどく》してみると、意外に心を打たれる、或《あるい》は文字通り眼を開かされる文章や詩歌を発見することが少くない。

先日も銀行という歌を発見した。歌の題に銀行などとは珍しい。しかもそれが明治の宮廷歌人として有名な婦人であるから尚更意外に思って刮目《かつもく》した。

七重八重　さく山吹の　花園に　みくにの春の　色やそふらむ　税所敦子《さいしょあつこ》

まことに上品な、洗練された作品である。恐らくこんな秀歌があることを銀行家でも知る人は滅多にあるまい。

それから興味をそそられて一寸道楽してみると、昭憲《しょうけん》皇后の御歌に、もつ人の心によりて宝ともあた（仇）ともなるはこがねなりけり――とある。

同じ明治の御歌所歌人でよく知られた小出粲《こいでつばら》に、くちなしの　色にみゆれど　いひがたき　ものをもいふは　こがねなりけり――という作がある。これも私には珍しい。

それから少し下品になると、明治の新聞人で有名だった渋川玄耳《げんじ》が、銭欲しと　言へば卑しき　しかれども　卑しからざる　為にも欲しき――と作っている。更におもふ泣くことなくて　世を過ぎば　人の伝記は　さびしかるべし。いや全くだ。

明治の歌人と言えば有名な一人伊藤左千夫に、妻よりも　名よりも先に　黄金ちふ大き聖《ひじり》を　かくまへ吾背《わがせ》――という作がある。妻君より言われたのか、妻に託して言ったのか、感慨の余の作であろう。

左千夫の門人古泉千樫《こいずみちかし》も、まづしさに　利《と》心もなく　あり経《へ》つつ　親にも友にも背《そむ》くこと多しと詠《うた》っている。

八丁堀に住んだ江戸っ児歌人一柳千古《ひとつやなぎちふる》の、積みおかば　石に瓦にひとしきを　黄金は花と　世に散るぞよき――などで、一先《ひとまず》結んでおこうか。

肝腎

一夜或る故事の記録を検索して古ノートを抽《つむ》き出したところが、とっくに忘れておった色々の記事が続出して感興をそそった。

その一、アメリカの一研究者が、人間の寿命を百二十歳まで延ばすことを可能にする研究を進めておる。ソ連ではウラヂミール・アルヴァトフ教授が生命延長中央研究所に於て、人間生命を百五十歳まで持続せしめる研究に努力しておる云々。之に対してそれは心ある人々の背筋を寒くさせる話であるという評もあると云。

笑話ではない、全く深刻な問題である。それより何時死んでもよいという精神修養の方がよほど人々の為になる話である――という記録。

又一つ、凡そ街頭を狂奔《きょうほん》しておる人々の顔々は不機嫌で品の無いものである。明朗なもの、希望に溢《あふ》れたもの、確信に充ちたものなどは、まるで無くなっている。特に自動車を運転しておる人々の面々は全く機械化して、硬《こわ》ばり、空洞《うつろ》になり、真直《まっすぐ》に前の方をにらんでおる。

そのモーター化した人間の顔の中に、幾分昆虫的なものが見受けられる。空中をぶーんと飛ぶ大きな甲虫は、微笑も含まず、只前に突進《つきすす》む衝動に駆られているが、そんなものを連想させられる。等々――

現代の人々は多く足を使わないで、車に乗ってしまう。そこで足は段々無用になって退化する。所謂足弱になり、延いて腰が悪くなり、足腰のひったたぬ、まさに肝腎要のだめな者になる。要は「かなめ」と訓《よ》むが、本来腰であり、腰は正に身体のかなめに相違ない。

その腰のきまらぬ、腰ぬけの、肝腎の悪い人間となっては、もうおしまいである。徒《いたずら》に長生きさせられても却《かえ》って迷惑といわねばならない。我々は先以《まずもっ》て足腰のしっかりした、肝腎の良い人間になるのが肝腎なのである。

第四章

先賢の箴言に学ぶ

先賢の箴言

この頃の世の中も、好い面を見れば、流石《さすが》に驚嘆すべき事が決して少くない。然《しか》し時々先賢の語録を読んでおると、やはり深省させられることが多い。

モンテスキューの名著「法の精神」の中に、堕落するのは決して若い世代に限らない。若い世代が腐敗するのは、すでに大人が腐敗している時世だからであると指摘しておるのも切実である。

そもそも現代の文明というものが、反省すればするほど過失が多い。賢明な先哲のすでに指摘しておる通り、東洋は多くその東洋性を失い、西洋もその西洋性を失い、それぞれ最も貴重なものを失ってしまった。

西洋の大部分の智識階級にとって、無意味な雑書や、音楽の愛好、大がかりな映画の見物など、むしろ病癖《へき》になっておると云ってよい。アルコールやモルヒネの中毒もありふれた事実になっておる。国民大衆が、もし数日新聞やテレヴィ・ラジオなどを失ったら、麻薬中毒の患者と同様に己の悪徳に支配されずに済むまい。

人間は案外苦痛に負けないことも出来るが、快楽には実に弱い。「多くの自由な時間を持つことのできる人間は大抵悪いことを考えるものである」とは賢人スピノザもその国家論に指摘しておる。「信念の無い富める男は、貞操を知らぬ貧しい女よりも現代社会にとって危険である」とは、皮肉の鋭いB・ショウの所見であるが、世の利巧な人間の中に潜む愚劣ほど恐ろしいものはないのである。

（G・ハウプトマン・展望）

現代は偉大な力を内に蔵しながら、それをどう活用すべきかに昏迷《こんめい》している。過去のいかなる時代よりも勝れた文明を築きあげながら、その始末に苦悩している。偉大な覚者や政治家の輩出を常にひそかに祈願するものである。

一生行詰りを見せぬこと

人間は時々日常の機械的な生活から放れて、ゆっくり旅行するのも好いことは誰も同感する所である。人間殊に老年になるほど退屈は善くない。

有名なエジソン（1847―1931）が、人は七十になって、日を過すのに退屈や困惑を覚えるようになれば、それはその人が若い日に興味を覚ゆべき無数の事物を閑却《かんきゃく》しておった証拠である。――七十になって隠居する人はまあ三年もたたぬうちに死ぬ覚悟でおらねばなるまいと云い、又天才とは天が与える一％の霊感 inspiration と九九％の流汗《りゅうかん》 perspiration とからなるものであると云っておるの斯《こ》の人らしい名言と思う。

怠惰というものほどだめなものはない。論語に、「群居終日、言・義に及ばず。好んで小慧《しょうけい》を行う。難いかな」と歎じておるが、まことに痛切である。

先日出雲の松江に向う途中、飛行機を鳥取の米子で降り、ふと幕府初期、当国出身博学の名医であった岡西惟中《いちゅう》を思い出した。その名著『一時随筆』の中に、『史記』扁鵲《へんじゃく》伝の「病に六不治有り」の説を引いて、この六病をまぬかるるを無病の人ということができると説いておる。これによれば、

驕恣《きょうし》にして理というものを論ぜぬは一不治。

身を軽んじて財を重んずるは二の不治。
衣食が適当でないのは三の不治。
陰陽弁蔵《へい》、気の定まらぬは四の不治。
形羸《つか》れ、業に服する能わざるは五の不治。
巫《ふ》を信じて医を信じないのは六の不治
である。此等の一有るも重患で、治し難いと云。要するに心がけと養生が肝腎である。

私の好きな一訓に、有名な鎌倉彫の元祖がその子孫に遺《のこ》した名言がある。

「志業はその行詰りを見せずして一生を終るを真実の心得となす」。

いかにもと感服する。

不肖《ふしょう》も生ける限りは、その行詰りを見せずして、よく勉強したいと念じておる。同人諸賢にもこれを期待する。

三有七無

唐の興る前、隋の末（七世紀の始頃）本邦では推古天皇・聖徳太子の時代に当るが、中国山西の田舎に王通という若き哲人があった。唐の建国の人材が多く此の門より出たと伝えられ、本邦の吉田松陰を連想せしめられるが、松陰のような悲劇の人ではない。然し三十四という若さで亡くなり痛惜された。文中子と称され、その書が伝わっている。明治の識者にはよく読まれたものの一つである。その中に三有七無という説がある。有が三つと無が七つ。

その七無の一は、諸の責が無いこと、即ち一度ウン、よし！　承知したと言っておきながら実行しないじゃないかという責めが無いこと。即ち一度ウンと言ったことは必ず実行する。

第二は金銭財利で人から怨まれるようなことが無い。

第三は利益一点ばり、がりがりでない。

第四は苟（かりそめ）の説（よろこび。悦に同じ）が無い。くだらぬことにほくほくするようなことがない。

第五、善を自慢する即ち俺はこういう善事を行じておるのだと衒《てら》う。折角の善を傷つけてしまうようなことがない。

第六、人を棄てることが無い。

第七、遺憾に思うことがあっても、そんなことはさらりと忘れて、いつまでも胸中に蓄えるようなことが無い。

どれも善いこと、男らしい徳である。それでは三有とは？

慈有ることがその一。

倹であること、倹約で、贅沢でないことがその二。

その三は敢て天下の先と為らず。これは老子の中にもある有名な言葉で、人とくだらぬ競争などしない。先っ走りをしないこと。

なるほどこれだけのことができたら人間も大自在である。すべて別段珍しいことでもなくて、さてなかなか味のある名言と思う。及ばずながら行《ぎょう》じたいことである。

妻《めと》を娶らば

新春一夜数人の老友と静談の中に、どうしたひょうし（拍子）か、一友が世の中に理想の女性などというものがあるものだろうかと奇問を発した。歴史の中にはあるだろうかと奇問を発した。すると一人が、我々の高等学校時代寮歌の中に、妻《めと》を娶らば陰麗華《いんれいか》という文句があった。さてどういう女かとんとわからぬが、どういう女なのかね？　と一歩進んだ問いになった。それで私も久しぶりに思いがけない故事を思い出して興を深くした。

その寮歌の文句が始まりで、陰麗華というのはそもそも何者なのかと幾度か感興を起しながら、誰に聞いても皆知らず、そのうち忘れてしまって、その後幾年も過ぎたある日後漢書を読んでおって、その中の皇后紀に至り、光武皇帝の皇后に陰麗華の名を発見し、ありゃ！　と刮目《かつもく》した。そして読むほどに深甚な感興を覚え、なるほど妻を娶らば陰麗華だ。然《しか》し残念なことにそんな女は此《こ》の世に滅多に居るものでなかろうと独り苦笑したことがあったのである。

革命の英雄・後漢の開祖光武皇帝即ち劉秀《りゆうしゆう》が若き日南陽の新野で見そめ、官に仕うれば当に執金吾《しつきんご》（天子の親衛職）と作《な》るべし。妻を娶らば当に陰麗華を得べしと歎じ、遂に望み通り后に迎えることができた。

その記によると、「后・位に在るや、恭倹《きようけん》・嗜玩《しがん》少し。笑謔《しようぎやく》を喜ばず」とあるから、行儀よく、つづまやかで、所謂道楽というものがなく、へらへら笑ったり、くだらぬ冗談など言わず、情義に厚く、父を喪《うしな》って何年たっても、思い出話が出ると泣いて、いつも帝は、感動歎息した。皇后の没《な》くなった（六十にして死す）後も、その遺品を見ては、帝を始め、近侍の人々皆泣いて仰ぎ見る者は無かったと云《い》う。

人間というものは、その真実になれば、古今東西別に変ったものではない。いつになっても、好き人の好き話を聞き、好き書を読むことは好き楽しみである。

暑気払い

――時事敢言

暑さほど人間をだらしなくするものはない。冷房・扇風機を始め、暑気払い、納涼の手段はいろいろあるが、一利あれば一害あり。いずれも満足なものはない。山や海の涼しい天地に逃避するのは最も好いことであるが、誰にでもできるということではないし、できても忙しい勤めを持った人々や、自由のきかぬ身の上ではどうにもならぬことである。

それに、ありあまるほど自由な時間のある人間は大抵悪いことを考えるものだという名言もある。そもそも、「徳行《とっこう》をだめにしてしまうのは、だらしなさよりも、むしろ意気地《いくじ》無《な》さだ」とカントの遺稿断片にもあって、いかにもと感じさせられたことがある。「一切の道義は心の充溢《じゅういつ》から生じなければならぬ」とレッシングも言っているが、この頃の文明社会は確に健康ではない。

夙《つと》に誰か――A・ハックスリーだったと思うが、西欧の大部分の人間にとって無意味な読物、音楽鑑賞、映画見物などが病癖になってしまって、アルコールやモルヒネ中毒の心理的等類の観を呈している。多くの男女が、もし数日否数時間でも、新聞や映画やラヂオを奪られたら、実際には苦痛を感じるほどになっておる。麻薬中毒の患者と同様に、彼等は自己の悪習に支配されずには済まないのであると論じておった。

堕落するのは決して若い世代に限ったことではない。若い世代が腐敗するのは、既に大人が堕落しているのであると、モンテスキューもその名著『法の精神』の中に指摘しておる。時代や風俗の振興は議論や施設だけではだめである。やはり政治家や教育者の中から勝れた先覚者指導者が奮起するに如《し》くはない。英邁《えいまい》な政治家の出るなどは日本にとって最も望ましい有効なことである。

人の九容と九弊

冒頭に九字の連想を書いたところが、それからそれへと連想が続き、棄て去るに忍びぬものがあるので、予定を変じて筆を続けることにする。

最初に想い浮かんできたのは九容というものである。『大学』に並ぶ『小学』という書に、我々の身体について列記しておることであるが、**足の容**は重く、即ちどっしりしておることであろう。**手の容**は恭とある。ととのっていること、指を鳴らしたり、がさつにせぬこと。**目の容**は端《ただ》しく、即ちきょろきょろしたり、やぶにらみなどよくない。**口の容**は止とある。ポカンと開《あ》いたり、ぴくぴくせぬことだ。**声の容**は静かに、**頭容**は直く、なるほどよく頭を枉《ま》げたり動かす人がある。**気の容**は粛《つつ》しみ。**立つ容**は徳。おっとりしておること。ゆすぶるもの、所謂貧乏ゆすりなど、みっともない。**色の容**は荘。おちついて気品があること。

こう並べてみると、なるほど人それぞれ案外癖のあるもので、反省させらるるものが多い。

九弊ということを連想する。

上に立つ者の悪弊六つ。一、人に勝ちたがること。二、自分の過（あやまち、とが）を聞くことを恥じ厭がる。三、口達者。これも厭なもの。四、聡明をてらう。所謂秀才型。五、わざと威厳をつくろう。六、剛愎をほしいままにする。わがまま勝手で我意を押通すこと。

之に対して下の者によく在る悪徳三。その一はへつらい。二は恐れ憚《はばか》ること。三はあれこれ欲が多いこと。

なるほど言われてみれば、悉《ことごと》く思い当る現象である。やっぱり人間はできるだけ早くから、良き師、良き友を持ち、良き書を読み、ひそかに自ら省み、自ら修めることである。人生は心がけと努力次第である。

緑陰清話

昨珍《きのう》しく鎌倉彫の塗盆《ぬりぼん》をもらって、有名なその道の名人扇ヶ谷三郎の春慶堂秘伝を思い出した。その中に曰く、

㈠　よきものをつくる心がけこそ大事なり。

㈡　まことの芸は三十五六より始まるものなり。若くして至りたる芸を見せるもの、やがて芸の失するところをば知るべし。

㈢　芸の精進なからんは、名利ありとも、いたずら事なり。
㈣　芸のゆきどまりを見せずして、一期《ご》を終るをまことの芸とす。
㈤　古人曰く、命にはおわりあり。芸には果てあるべからず。——弘化元年長月吉日。
流石《さすが》に立派なものである——などと言うより、覚えず襟《えり》を正さしめられ、首を垂れて慎思《しんし》させられるものである。人生も亦この通りでなければなるまい。

淡々たる中に不尽の妙味がある——などと言えば、何だか淡々を誤解しておるのじゃないかと思う学人もあるかも知れない。一般には淡と言えば「あわい」、味が薄いという意味に解しがちである。然し本当は味の至れるものを云うのである。『老子』(第三十五章)に「淡乎《たんこ》として其れ無味」とあるが、それは全く偏味のいかなるものでもない意味で、「大味は必ず淡」(楊雄《ようゆう》伝)であり、「君子の道は淡にして厭《あ》かず」(中庸)、「君子淡以て成す」(礼記表記)などいくらも名言がある。それで始めて古来淡の字の雅号が多いことも正解することができる。

如水《じょすい》の反対に如泥《じょでい》という語がある。これもその真意を知る人は甚だ少い。実は泥の如き虫の名で、「南海に虫有り。骨無し。名を泥という。水中に在れば則ち活く。水を失えば則ち酔《よい》、一堆《たい》の泥の如く然り」と古書に解説がある。泥といえば『荘子』に説く泥亀の語を思出して妙であるが、次回に譲ろう。

いかにも——なるほど

清秋《せいしゅう》の静かな一夜、明末名著の一、敖《ごう》英の『慎言集訓』という書を耽読して、時の移るのを覚えず、眠りを忘れて感じ入った。易の繫辞《けいじ》に曰く、「古人の辞は寡《すくな》し」と。程子曰く、「言は簡を以て貴しとなす。徳進めば言自から簡なり」。いかにもそうであろう。朱子曰く、「言語多きを覚ゆれば便《すなわ》ち簡黙せよ」と。英曰く、「言の簡を貴ぶを知れば、多言・軽言・雑言・妄言等、其病・薬すべし」。全く同感である。

かくして、戒多言より始めて、軽言・妄言・雑言・戯《ぎ》言・直言・尽《じん》言・漏言・悪言・巧言・矜《きょう》言（ほこりしゃべる）・讒《ざん》言・訐言（あばきごと）・軽諾の言・強聒《かつ》（やかまし）の言、譏《き》評の言・出位の言・狎下《こう》（なれなれしく侮る）の言・諂諛《てんゆ》の言。卑屈の言・怨を取るの言・禍を召《まね》くの言・という二十二種を算する言戒を列挙している。実に興味津々を覚える。

その後に尚又、言は㈠簡を貴ぶ。㈡誠実を貴ぶ。㈢和平を貴ぶ。㈣婉《えん》（しとやか）を貴ぶ。㈤遜を貴ぶ。㈥理に当るを貴ぶ。㈦時を貴ぶ。㈧養心を貴ぶ。㈨養気を貴ぶ。㈩有用を貴ぶを附加してあり。仁人の言其の利博い哉。古語に云、「一言以て邦を興すべし」。中庸に曰く、「国・道有れば其の言以て興すに足る」と結んでおる。

上巻の終に著者は親切に附説して、「怨を取り、禍を招くの二戒は宜《よろ》しく他の諸言と参看《さんかん》すべし」と云い、尚又、「或人問う、怨と禍と奚《なに》か異る？　曰く、怨は怒・彼に蓄えらるるなり。禍は害・此に流るるなり。怨は其れ禍の根か。禍は其れ怨の形《あら》われか。其の倚伏《いふく》するや恒《つね》に相須《ま》つ。諂諛卑屈の言は之を柔に失する也。怨を取り禍を召《まね》くの言は之を剛に失する也」と指摘している。

又言訓を集めて、行を遺したのはどういうことかという問に対して、慎言は実に力行の初である云々と明解している。暇があれば全訳註解もしてみたい好著である。

春宵閑話

宋の嘉定頃（十三世紀の始・北条鎌倉初期）の進士李義山に『雑纂《ざっさん》』というおもしろい名著がある。項目を色々別けて人間の分類を試みている。

その「不似合なもの」の中に、医者の長患い、肥え太った花嫁、先生の文盲、料理人の念仏凝り、老爺の女郎買などをあげ、「羞《は》ぢて出せぬもの」に、花嫁の失礼（もちろんおならのこと）、尼の妊娠、金持の俄か貧乏。「ひまの要するもの」に、花嫁の客に会うこと、妊婦の歩行。「うんざりさせられるもの」に、田舎者の金持ち、もったいない好妻に愚かな亭主。俗物の行列遊山《ゆさん》。花間の雪隠《せっちん》。名山奇石に下手な落書。

さて又人間の奇話一つ。明の謝在杭の名著『五雑俎《ざっそ》』の中に出ておるが、人物のよく出来た好夫婦の主人公が一日外より帰ると、妻君が竈《かまど》の前で火吹竹《ひふきだけ》を吹いておった。早速それを題材にして一詩を賦《ふ》した。

吹火朱唇動。添薪玉腕斜。遥看煙裡面。大似霧中花
――火を吹いて朱唇《しゅしん》動く。薪《たきぎ》に添うて玉腕斜《ぎょくわん》なり。遥かに看る烟裏《えんり》の面《おもて》。大いに似たり霧中《むちゅう》の花。

ところが隣家に又夫婦があり、女房は甚だ不器量であったが、本人はその醜黒を忘れて隣の婦人の好話に感じ、夫の帰りを待ってこのことを語り、貴方も私を詩中の人にしてくれと頼んだ。

主人はこれを承諾して、隣の婦人の通りにさせ、賦して曰く、

吹火青唇動。添薪黒腕斜。遥看煙裡面。恰似鳩盤茶。*

世にはとんでもない逆さま事が少くない。風景にも殺風景がある。古人云、行列で遊山。花間の雪隠。名婦の前で坐客を罵《ののし》る。歌舞の席で俗務を問う。名山樹石に拙詩を題す。拙詩でもまだ好い方で、俗な落書ほど悪いものはない。

＊鳩槃茶《くはんだ》＝悪神の名。円角経に曰く、人の精血を食う。その疾《はや》きこと風の如し、変化稍《やや》多し。槃、一に盤に作る。

街頭所見

一日街頭に立って道行く人々を眺めながら、ふと戦後ドイツの勝れた歴史家・作家であったフランク・ティース Frank Thies のおもしろい街頭所見の文章を思い出した。人間の記憶というものは不思議なものである。

その説に曰く、市街を右往左往しておる人間の顔は不機嫌な、品の無いものである。朗《ほが》らかなもの、希望に満ちたもの、確信を持ったものなどはその相貌《そうぼう》から少なくなってしまって、特にモーターつきの乗物、自動車や自転車を運転しておる人々の中には、その相貌がすっかり機械に同化して硬直し、虚脱して、前方をにらんでおる。そのモーター化された人間には、どこか昆虫的なものがある。空中を一直線にぶーんと飛んでゆく甲虫を連想させるものもあると。

都会の人間を昆虫にしてしまうのも苦笑を催す話であるが、とにかく現代の大いなる都会化・大衆化というものは深省しなければならぬものである。

個人は大衆の中にはいると、まるで変ってしまう。大衆群衆中の人となると、社会学者心理学者等が夙《つと》に解説しておる通り、理性や節度というものは失われて、本能的な人間、一種の野蛮人と化してしまう。原始人のような本能や凶暴性を現じ、煽動者《せんどう》に駆りたてられもする。

世の中が大衆的になるほど、勝れた指導者が必要なのである。真の民主政治とは、確にイタリーの偉大な指導者であったマッツィーニの名言の通り、最良最賢の人々の指導の下に於《お》ける大衆の進歩発展 Progress of all, through all, under the leading of the best and wisest でなければならぬ。愚民政治・煽動政治に堕してはならない。

この頃の日本内外特に朝鮮や中国の実態を見るにつけても、日本の識者、指導者階級の深省と勉励を祈願するものである。

先哲名言

表紙の裏に、平生私の胸中に在る先哲の遺著から、閑と勤とに関する名言を録したが、それだけでは何となく、物足らぬというか、惜しいというか、ついでにもう少し補足したい感がして、筆録を続けることにした。

同書（呻吟語）学問篇の中に「案上・書多かるべからず。心中・書少かるべからず」とある。うーむと首肯《うなず》かされて、その先を見ると、「魚・水を離るれば則ち鱗枯《うろこ》る。心・書を離るれば則ち神索《さび》し」とある。誠にその通りである。

続いて、「大事難事に担当を見る。逆境順境に襟度《きんど》を看る。喜に臨み怒に臨んで涵《かん》養《よう》を看る。群行群止に識見を看る」に改めて反省を施した。「深沈厚重是れ第一等の資質。磊落《らいらく》豪雄是れ第二等、聡明才弁是れ第三等」はかねて承知しておったが、やはり感を新たにする。

「天下最も受用有るは是れ一閑字。然れども閑の字は〝勤〟中より得来るを要す」。「天下最も便宜を討《たす》ぬれば是れ一勤字。然れど勤字は間（閑に同じ）中より做《な》し出だすを要す」。是れ亦感を新たにせしめられる。間は門内に日が静もっており、閑は門内に木が植わっておる象形で、その情景を想像することができる。

世に処して活動する人々は、どんなに忙しくとも、その風格に何処か明るく、静かな趣がなければならぬ。それでこそ所謂出来た人である。がさつはいけない。忙人はまあやむをえないが、孟子所謂妄人《もうじん》は許せない。躁人《そうじん》も好くない。安心出来ない。話は一転するが、我々の生命の正常な持続は心臓の鼓動凡そ四十億回分という。心臓を徒《いたずら》に騒がせるのは自殺的所為である。文字通り安心・静心が大切である。思えば果てしなく筆の進むことであるが、紙数が尽きたので擱筆《かくひつ》する。

読書閑筆

西欧の多くの人々にとって、無意味な読書・音楽鑑賞・映画見物などが病癖になっており、アルコールやモルヒネ等の中毒と同類の観を呈しておる。事実は来る処まで来ており、何百万もの男や女が、もし数日、或《あるい》はほんの数時間でも、新聞やラヂオやテレヴィを取去られたら、実際に苦痛を感じるまでになっている。麻薬の中毒患者と同様に、彼等も己の悪徳に支配されねば済まないのである——と警世《けいせい》の作家A・ハックスリーがその著『目的と手段』の中に指摘しておる。

全くマスコミ・ジャーナリズムの弊害は日本に於ても深刻なものである。先輩長者はこれを特に若い世代の堕落に帰し易いが、それは偏見というべきものであり、やはり先輩長者も責任ありといわねばなるまい。堕落するのは決して若い世代ばかりではない。若い世代の堕落は已に大人が腐敗しておる実証であると、モンテスキューもその名著『法の精神』の中に指摘しておる。大人も若い人々も先ず以て正しい気概を振り起さねばならない。

人間の不条理を鋭く究明した近代フランスの名作家A・カミュがその著『わな』の中に、我々が告白をする際、特に好ましい対者は我々に似た人々、我々の弱点を分ち持つ人々である。我々は悪に向う力もなければ、善に向う力も無いのだ――と書いている。時世と人物を振興する為に肝要なことは、享楽的・自慰的な思想や作品ではなく、気概、気骨であり、正しい見識・器量を養う学問文芸である。

清夜閑想録

一日の雑事から免れて、所謂青灯閑坐《せいとうかんざ》の身となるのは、人間の何でもない常時の一つであるが、年をとるほど、また忙しければ忙しいほど、楽しいものである。専門の研究というようなものではなく、自由に気楽に古人の名著随筆などをとり出して閑読《かんどく》する味は正に文字通り淡・水の如しで、楽の至れるものであろう。

たいていの人々はこの淡を別段此れといって取りたてて言うほどの味の無いことの様に誤解するのであるが、実は何とも言えない、言い様のない、至極の味ということなのである。禅的な表現で言えば、これこそ「無」の味で、そんなものが何処にあるかと言えば、なるほどそれは水であろう。この頃の様な世紀末的大衆的人間にはこんなことがわかりにくくなって来た。

近代の賢明な評論家であったA・ハックスリーがその名著『目的と手段』の中に、ヨーロッパの大部分の人間にとって、無意味な読書や音楽鑑賞や映画見物などが病癖になってしまって、アルコール中毒やモルヒネ中毒の心理的等類の観を呈しており、あらゆる悪徳に影響されずには済まないと痛論しておるが、いかにもと首肯される。この時俗を一新するには、やはり救世的思想家、宗教家、政治家等の出現に待つ外無いであろう。今年は干支《かんし》辛酉《しんゆう》（かのととり）である。辛酉は新たなる醸造を意味する。昭和維新の勃興を祈望しよう。

男女の道――中庸の名言

一夕友人から題字を望まれて預かっている読書録を散見していると、なかなか興味深いものが沢山有り、題字のことなど忘れてしまって、思わず読み耽《ふけ》った。その中の男女篇に、「最上の男は独身者の中に居るが、最上の女は既婚者の中に居る」――英国の作家スティブンソン――というのが目にとまった。一寸苦笑いを催す。「男の顔は自然の作品。女の顔は芸術作品」――仏・評論家A・プレボォ。これも目にとまったが、次に在る「笑う女を信用するな。そして泣く男を信用するな」――ウクライナの俚諺《りげん》にも一見識と思った。

「女子は月経に支配せられ、男子は月給に支配せらる」は駄洒落で、如是閑《にょぜかん》の作。

「嫉妬は男に於ては弱さであるが、女にあっては一つの強さである」――有名なフランスの作家アナトール・フランス――とは正に然りであろう。「男子は結婚によって女子の賢を知り、女子は結婚によって男子の愚を知る」も一見識であろうか。亦如是閑の作である。

「男の貞操は軍旗みたいなもので、破れれば破れるほど値打が出てくるが、女の貞操は糠《ぬか》袋のようなもので、一度破れれば、それでおしまいである」――福沢諭吉――は福沢らしからぬ苦言と言えよう。

「二十年もの情痴生活は女性を廃墟の様に見せる。二十年もの結婚生活は女性を公共建築物の様なものにしあげてしまう」もオスカー・ワイルド（英詩人）の名言である。

こんなことを拾いあげるときりがない。最後に古来最も有名な儒教四書の一『中庸』に云う。「君子の道は端を夫婦に造す。其の至に及んでや、天地に察（あきらか）なり」を以て結びとしよう。

第五章　自己を深める

清宵読書記

一夕、書架から読書録を抽出すると、パタリと落ちて自然に開けた頁に「三可惜」という格言が記してあった。曰く「君子三の惜むべき有り。此の生、学ばず、一に惜むべし。此の日、間過す、二に惜むべし。此の身一敗、三に惜むべし（注・せっかくこの身を与えられても大切にしないで、失敗に持っていく）」。

なるほどと感じて、その次を見ると、「人心一息の怠有れば便《すなわ》ち天地の化と相似す」――とある。全くその通りである。考が大きい、徹底している。

次に、「静坐観心、間中の一楽」。此れ亦その通りである。引きこまれるように覚えて次に進むと、「無事の時、心をして空しからしめず。事有る時心をして乱れしめず」。善哉《よいかな》々々（ぜんざい）。「人の大病三有り。一に曰く粗悪。二に曰く軽浮。三に曰く昏《こん》弱」。一々首《しゅ》肯《こう》される。

司馬温公謂《おんこうい》う、「誠は妄語せざるより始まる」。司馬温公は北宋の名宰相であり、真に君子人の典型であった司馬光である。常時民間で、子供がうそをつくと、母親が司馬光様に言いつけるぞ！　と叱ると、子供が項垂《うなだ》れてあやまったという伝説が残っておるほどの人である。

さて次に、「人の詐（いつわり）を覚《さと》って而《しこうし》て言に形《あら》わさざるは余味有り」という。

さて「大凡《よそ》朋友は須（すべから）く箴規《しんき》指摘の処少く、誘掖《ゆうえき》奨励の意多かるべし」。これは王陽明の語であるが、まことに人情にかなったものと思う。

見独聞改録

一日、多年親しくしている老友が訪ねて来られたので、二階の客室に通して楽しく静談に時の移るを覚えなかった。さて今日は何か御用があるのではないかと尋ねたところ、実は——と言って、懐中より一冊の記帖を出された。受け取って披見《ひけん》すると、善く清書された読書録である。

開巻第一に、「朝に道を聞く、夕に死する可なり——論語・里仁」とある。思わず襟を正した。次を読むと、「黎明即起醒後霑恋《てんれん》するなかれ―清・曾国藩」とある。霑恋はきっぱりとかたづけずに、未練たらしく、ぐずぐずすることである。

又「古人は朝聞夕改を貴ぶ」とある。晋書周処伝の名文である。「朝徹して而《しか》る後能く見独す―荘子大宗師」に至っては、改めて亦感歎する。

'There is only the morning in all things.「朝こそ総て」も全く首肯せざるを得ない。英国の格言という―明日は、明日は、まあ今日だけは！　といつも怠け者は言う―は実に辛辣である。

「うつせみは数無き身なり山川のさやけき見つゝ道を尋ねな―大伴家持《やかもち》」にも感歎止まらない。

まあまあ余り捕われずに、「費を省いて貧を医す。静坐して躁（がさつ）を医す。縁に随って愁を医す。茶を煎《せん》じて倦を医す。書を読んで俗を医す」の五医で、もうしばらく生きてゆかれようか。呵々《かか》。

歳暮静思録

―天行と人生―

又いつしか歳も暮れて、やがて新年を迎えることになった。曾て本欄にも言及したことであるが、愈々《いよいよ》明くる一九八二年には百八十年ぶりに、地球と同列の九惑星が太陽に対して一列に並ぶことになる。どうか異変が無ければよいが、心杳《はる》かに天を仰いで無事を祈る次第である。

毎日雑事に逐《お》われて、心ならずも空しく月日を過ごし、年末ごとに悔いを新たにするのは我々俗人の凡情であるが、何とか送歳迎春の際には、せめて感懐を真切《しんせつ》にして、新年らしく自新したいものである。又一つ年をとるかと慨嘆して、月並の凡情を語りあうなどは恥ずかしいことである。

本誌十月号に記したことであるが、我々の脳細胞は皮膚や血液のように再生されない。生まれてから死ぬまで同じ細胞を持続する。そこで、とかく精神は肉体より早く年をとり易い。その精神の老衰は必然肉体に影響する。

我々人間はとくに肉体の老衰には敏感であるが、案外精神の老衰には気づかぬものである。気づいても当然の事として、反省したり、振起《しんき》する努力を怠りがちである。

古来医学の専門家は、人間いくら年をとっても、否《いな》年をとるほど、学問や芸術や信仰に情熱を抱き続けることが不老の秘訣であることを切論している。学芸・信仰・事業等に感興を失わず、情熱を抱き続ける老人こそ、不老の特権階級である。徒《いたず》らに不老長生の薬を求めたり、苦難を恐れて安逸《あんいつ》を貪《むさぼ》る人間は養生の道を錯誤しておるものである。

三国志中の英雄曹操が「烈士の幕年・壮心已《や》まず」と詠じておるのは、古来有志の愛唱する詩であるが、人間此の士気がなければならない。

年頭自警

例年の習いであるが、送歳迎春に方《あた》って、書初めや自警の為の名言佳句を教えてほしいという来書が多い。中に四耐四不の正確な指教《しきょう》をというのが三通もあった。多方の参考にもなろうから、改めて此処に掲げておく。

四耐とは、「冷に耐え、苦に耐え、煩に耐え、閑に耐う」であり、四不とは、「激せず、躁《さわ》がず、競わず、随《したが》わず」であり、正確な出典を忘れてしまった。清末の偉人曾国藩が好んで書いたということから、不肖も共鳴しておるものである。


先哲の書を読む中、心に印した名言は数知れぬが、その中この正月の書き初めに用いようと思うものの中から同人諸賢の愛用の為にもと思って若干拾録する。

「和気迎人。正気接物」—和気・人を迎え、正気・物に接す—は特にこの年頭に好いではないか。

「綽々有裕」—綽《しゃく》々として裕有り（孟子）である。

「和気致祥」—和気は祥《さいわい》を致す—も共鳴を覚える。

「心広体胖」—心広く体ゆたか—は『孟子』の中にある周知の名言で、宋の賢人黄庭《こうてい》堅《けん》の愛用した「光風霽月《せいげつ》」の語を連想する。それには「深根固柢《てい》」—根を深くし、柢《ね》を固む（老子）が大切である。何事によらず枝葉末節に走ってはいけない。

「窮達有命。吉凶由人」―窮達は命有り。吉凶は人に由る―。

まことに然り、老生愛用の始終訓に曰く、

「人の生涯、何事によらず、もうお終《しま》いと思う勿《なか》れ。未だ曾て始を持たざるを思うべし」（英・C・ニューマン）。

「志業は其の行詰りを見せずして一生を終るを真実の心得となす」（鎌倉彫元祖訓）。

「成功は一分の霊感と九分の流汗に由《よ》る。退屈は死の予告と知るべし」（発明家エヂソン語録）。

終歳終生、肝に銘ずべきものである。

年末・年始によく思い出すので、此処にも録しておく。

人間と寿命

生理学者の説によると、人間生命の通常な持続時間は、心臓の鼓動四十億回程度で、猿はその四分の一、十億回ほどであると云う。そこで徒《いたずら》に胸をどきどきさせることは宜《よろ》しくない―と云って又不振にするのも悪い。正常に、霊活にせねばならない。そこで常に何か理想を懐き、清い興味を持ち、良い情熱を失わぬことが大切である。精神の不振が一番早く老衰を招く。脳細胞は皮膚や血液のように再生されない。生まれて死ぬまで同じもので、それだから放って置けば、だんだんだめになる。精神は肉体より早くだめになり易い。

然しよく鍛えれば、どこまで勝れたものになるか計り知れぬものがある。西洋の哲学・科学者にも、――学問芸術を研究しておる間は年をとらない。学芸に志し、情熱を以て精進する人物は不老の特権階級である。学芸の研究の為に病弱老衰したというのは不覚の罪・過《あや》まちであると説いておる者が少くない。

A・カレルやJ・ロスタンなどその好例で、著書も広く知られておる。これから後は「老い先の短い」ではなくて、「老い先の長い」老人達がどう健勝（祥）を保つかが問題であろう。

毒舌か薬舌か

この頃の新聞や雑誌を見ておると、流石に有益な言論文章も決して少なくないが、時に衝撃を受けるような名言奇行に節することは少ない。

先日一夜老友の集まりに、三国志の話がはずんで、思いもよらぬ禰衡《でいこう》の名が出た。彼は磊落・無遠慮で、奇言奇行の多い男であった。当時の人物を片っ端から罵倒し、放言して憚《はばか》らなかった。

或る日曹公即ち曹操の公式宴会に出て、真っ裸の褌《ふんどし》一本になり、曹公が無礼を咎《とが》めると、彼は逆に食ってかかり、「俺は親からもらった身体を出しただけで、きれいなものだ、お前は何だ！　人の賢愚もよくわかっておらぬ。目が濁っとるぞ。詩書を読んでおらぬ、口も濁っとる。忠言を聴かぬ。耳も濁っとる。古今の歴史に通じておらぬ。身が濁っとる。諸侯を包容することができぬ。腹が濁っておる。常に叛逆を企てる。心が濁っておるのだ」と放言した。

此れを聞いた一同は大いに怒って、斬れ！　斬れ！　と躁《さわ》いだが、曹操は一笑に付して許してやった。

此の時はそれで済んだが、その後、黄祖の席で「お前は社《やしろ》の中の神体みたいな男だ。人から拝まれるが、一向御利益は無いぞ」とやってのけて、到頭《とうとう》殺されてしまった。

毒舌も此処までになるといけないが、然し他人からは御愛嬌である。此の頃日本でも人物評論は賑やかであるが、もう一つ歴史的記事になりそうなものが少ないのはどうしたことか。言わぬが花というものか。

顔語と足裏

先日一夕、一老友来って雑談の後、おもむろに鞄《かばん》の中より一冊のノートを取出し、これに何か記念の一語を書いてくれと云う。取りあげて見ると読書録である。「これは大抵先生の書かれたものの中より写したものです」と云う。執り上げて拾い読みしてみると、なるほど私が話したり書いたりしたものの記録である。

おもしろくて、思わず読み耽《ふけ》り、ふと気づいて、その中の幾つかを拾いあげ、本誌に掲載することにした。

斉家の箴《しん》というのがある。五ヶ条で、その㈠和顔愛語を旨とし、怒罵《どば》相辱《はず》かしむるをなさず。㈡簡素清浄を守り、怠惰放漫を戒しむ。㈢小信を忽《ゆる》がせにせず、有時相済《すく》う。㈣親朋《しんぽう》には事無くして偶訪し、時有ってか季物を贈る。㈤平生《へいぜい》、書を読み、道を聞くを楽しむ――とある。

又一つ、足裏の神秘。ビドスコープ足裏観測器というものがある。厚いガラス板の上に人を立たせると、その人の足裏の形が写る。これによって、その人の体質や性格、特にその異常性を発見することができる。

武道の妙技の際、その人の重心が安定した一瞬、筋肉の収縮による放電が休止すると云。人体や技能の神秘も計り知れぬものがあることを改めて深く感動させられ、ぼんやりしておれぬとしみじみ思った。

閑宵閑想

暮春の一夕、一老友来って閑談の余、一冊の雅帖《がちょう》を出して、此れに何か書いてくれと云《い》う。手に執って頁を繰ってみると、色々の知友がそれぞれ名言佳句を書いておる。その中の五美と五善という格言に特に肝銘を覚えた。

五美とは、㈠人を恵んで厭味が無い。㈡労して怨みず。㈢欲してむさぼらず（不貪）。㈣泰《ゆたか》で驕らず。㈤威有って猛《たけ》からず——の五者である。

なるほどと一々うなずける。人に物を与えるのは好いが、中にはどうかすると厭味を感じさせられるものがある。惜しそうに呉《く》れるなどもその一例である。随分骨を折らされたよ、などと言われるのも迷惑である。何かにつけて欲の深いのも厭なもの。又何だか贅沢なのもおもしろくない。威《い》ばっておるのもあさましい。

五善とは、㈠人として常に何が善かを問い、㈡親しい仲を問い、㈢礼儀を尽くすことを問い、㈣政治の要を問い、㈤患難《かんなん》を問う——の五者である。

五美五善に反して五悪というものもある。㈠仕事はよくできるが、心の険しい者。㈡行が偏屈で、頑固な者。㈢偽《うそ》が多くて、口が達者な者。㈣くだらぬことばかり覚えて、しかも博識《ものしり》である者。㈤悪勢力に媚びて、人に恩を売る者。なるほど何処にも居りそうな者である。

ついでに五恨というものを挙げよう。㈠美味の魚に骨多く、㈡みごとな橘《たちばな》に酸味が強く、㈢蓴菜《じゅん》は質《たち》が冷たく、㈣海藻に香無く、㈤名士にして詩を解せぬ。これは確か宋の名著の一つ、『冷斎夜話《れいさいやわ》』にあったと思う。五月の始《はじめ》にとんだことを思い出したものである。

我々の言語応対について

明治時代の読書人の間に珍重された名著の一に『慎言集訓』というものがある。貞《じょう》亨《きょう》二年というから、将軍綱吉の時代。中国で言えば、清の初、聖祖皇帝の治世。世紀では十七世紀の終り頃世に出た名著の一で、著者は敖英《ごう》（字は子発）、地方長官として令名のあった人物である。

本書の表紙裏に拾録した十種の選題の下に、史上有名な哲人君子の名言を列挙してあるが、耽読して不尽の感興を覚える。「徳進めば言自ら簡なり」。「言語多きを覚ゆれば簡黙せよ」。戯《ぎ》言・妄言・讒《ざん》言・軽諾の言は病的である。心平らかに気和なれば言うことも能く通ずる。仁義の人は言葉が春霞のような趣がある。

言語には愛情がなければならぬ。言葉は謙遜を貴ぶ。謙遜は阿諛《あゆ》ではない。つまらぬ害より遠ざかるものである。

言は心の声ということができる。心の正しい時は必ず差《たが》うことがない。言に「時」というものがある。時を得た言は人に不快を感ぜしめない。

言に三つの誤ちがある。まだその時でないのに、べらべら言うのは「躁」である。言うべき時に言わぬのは、之を「隠」と謂う。人の顔色を善く見ないで、べらべら言うのは瞽《こ》と謂う。

言を慎むのは黙することではない。黙すべきには黙し、語るべきには語る。その時というものが大切で、それは結局徳が有るか無いかの問題である。言の宜《よろ》しきを得るためには、平生に於て心を養い、有用を重んじなければならぬ。

一言以て邦《くに》を興すことができる。『中庸』にも曰く、「国・道有れば、其の言以て興すに足る」と。

読書閑録

一日古川柳や狂歌の類を拾い読みして、やっぱり感興の尽きぬものがあった。うたた寝の書物は風が　繰っている。

禿頭《はげあたま》　よい分別を　さすり出し。
寝ていても　団扇《うちわ》のうごく　親心。
菅笠《すげがさ》で　犬にも旅の　いとまごい。
すりこ木で　ぶちまいらせと　里へ文。

美しい顔で　楊貴妃　豚を食い。
花のるす　悠然として　虱《しらみ》を見。
御巡検　威儀堂々と　いもを食い。
寂寞《じゃくまく》として　先生は　ふぐを食い。
代診　答えて死生は　天に在り。

など拾ってゆけば限りがない。

「脱ぎちらし　着物ふみわけ　泣く孫の　声聞く時ぞ　婆々はかなしき」。まことに困った婆さんの顔が眼前に浮かぶ。

「この寺に　むげんの鐘も　つきなくし　今は晦日《みそか》に　うそやつくらん」は辛辣ではないか。

「釈迦は槍　弥陀《みだ》は利剣を　ぬきもちて　ほとけもけんか　するとこそきけ」もうまい！　と微笑される。

「肴屋《さかな》の　猫の気で居る　奥家老」なども思わず一笑を禁じ得ない。

「口上を　下女は尻から　ゆすり出し」も目のあたり見る様である。「大晦日　儒者平仄《ひょうそく》が　あわぬ也」もおもしろいが、「論語読み　思索の外の　仮名を書き」は更に軽妙である。

「江戸者の　生れそこない　金をため」などに至っては何と評されるであろうか。

川柳と言えば、或日ふと一友から、滑稽とはむつかしい文字ですね。これは元来どういう意味ですかと聞かれて、なるほどと首肯した。詳説《しょうせつ》すれば容易ではないが、一番わかり易いのは、滑は「なめらか」であり、「すべる」であり、稽は「考う」であり、「合《あ》う」である。

軽率早合点の滑稽は大衆相手の喜劇がよく演ずる。言語・文字・文章の軽妙も、その道には入ればまことに不尽である。

貴老と愚老

一日書庫を探索しておると、行方不明であった古い読書録がひょっこり出現した。何とも言えぬなつかしいものである。ひょいと開いて見ると、「人間と寿命」という標題の下に色々の記録が集められてある。

太古人間の平均命数は二十年程度であったらしい。それが二十世紀の半頃《なかば》には六十を超えておる。人々の対話の中に胸がドキドキするということがあるが、人間生命の正常な持続時間は心臓の鼓動約四十億回程度で、猿は十億回程度であると云う。我々はなるべく心臓を騒がさぬようにせねばならないわけである。冷静ということは必要である。

然し人間であるからには、冷静より溫静の方が望ましい。溫という字はおもしろい。捕われ人――囚人にも、飲みもの食いものを与え（皿）、どうしてこういう悪いことをしたのかと、あたたかく「たずね」てやるという意味を表しておる。

人間は生ける限り、常にぼけないで、なるべく有意義なことに興味を持ち、道理を尋ね、情熱を抱き続けることが肝腎である。不老長生とは徒《いたずら》に年をとることではない。いつまでも、生けるかぎり、ぼけないで、人生に興味を持ち、情熱を抱き続けて勉強することである。

老人に対して貴老と呼ぶ。好い語である。老人はいつまでも愚老になってはいけない。文字通り貴老でなければならぬのである。

言葉遣いと学問修養

今回は本誌の表紙に慎言集訓七則を掲げた。徳川中期の頃から識者の愛読した書物の中に『慎言集訓』というものがあった。この本の著者は明の正徳年代の進士で、敖《ごう》英《えい》という人であるが、まことに教養の高い篤学《とくがく》の人で、この書を日本では将軍綱吉の時代であった貞享年間に翻刻《ほんこく》して出版されておる。

上巻には、㈠「多言を戒む」より始めて、㈡軽言、㈢妄言、㈣雑言、㈤戯言、㈥直言、㈦尽《じん》言、㈧漏言、㈨悪言、（一〇）巧言、（一一）矜《きょう》言（自慢話）、（一二）讒《ざん》言、（一三）訐《けつ》言（あばきばなし）、（一四）軽諾の言、（一五）強聒《きょうかつ》の言（がみがみいう）、（一六）譏《き》評の言、（一七）位を出ずるの言（さし出がましい言）、（一八）諂諛《てんゆ》（おべっか）の言、（一九）卑屈の言、（二〇）怨を取る言、（二一）禍を招く言の二十一種を、下巻に於いて、㈠言は簡を貴ぶ。㈡誠実を貴ぶ。㈢和平を貴ぶ。㈣婉《えん》（愛嬌のある）を貴ぶ。㈤遜を貴ぶ。㈥理に当るを貴ぶ。㈦時を貴ぶ（ぴたりとあたる間がぬけないこと）。㈧養心を貴ぶ。㈨養気を貴ぶ。（一〇）有用を貴ぶの十章を列挙して、実に活眼《かつがん》を開かせ心肝に徹するものがある。

たとえば、躁《そう》人（がさつな人間）の辞は多し。多言は寡言に如かず。一言以て邦を興すべし。仁人の言、其の利博いかな等、例を引き要を得て、巻を閉ずるを忘れさせるものがある。

人間はやはり書を読まねばならぬ。古人に学ばねばならぬ。怠惰や迂闊《うかつ》や不遜や無学ほど勿体《もったい》ないものはないと、しみじみ味《み》識する次第である。

名聯摘録

㈠　早年能有風雲気。晩歳猶存鉄石心。
　　早年能く有り風雲の気。晩歳なお存す鉄石の心。

㈡　名美尚欣聞過友。業高不廃等身書。
　　名・美にしてなお欣《よろこ》ぶ過を聞く友。業・高くして廃せず等身の書。

㈢　観天地生物気象。尋孔顔楽古心源。
　　天地生物の気象を観、孔（子）顔（淵）・古を楽しむの心源を尋ぬ。

㈣　日晩愛行深竹裏。月明多上小橋頭。
　　日晩愛し行く深竹のうち、月明多く上る小橋の頭《ほとり》。

㈤　旧書常誦出新意。俗見尽除為雅人。
　　旧書常に誦して新意を出だし、俗見ことごとく除して雅人となる。

㈥　能将忙事成閑事。不薄今人愛古人。

よく忙事をもって閑事となし、今人を薄んぜず古人を愛す。

(七)　飲酒美如花漸放。読書楽似客初帰。
飲酒の美は花ようやく放《ひら》くが如く、読書の楽しみは客初めて帰るに似たり。

(八)　竹間楼小窓三面。山裏人稀樹四隣。
竹間・楼小にして窓三面。山裏・人稀にして樹四隣。

(九)　能与山水為縁。俗吏便成仙吏。
よく山水と縁をなせば、俗吏すなわち仙《せん》吏となる。

(一〇)　不受薄書束縛。忙人即是閑人。
薄書の束縛を受けざれば、忙人すなわち是れ閑人。

うつせみ　三首

うつせみの　人は果敢《はか》なし　帰り来て　聖《ひじり》の書《ふみ》に　また言問《こと》はむ

うつせみの　数なき身にも　この朝《あした》　聖の道を　聞けばかしこみ
うつせみの　露の命と　思へこそ　聖の道を　探ねこそ行け

第二部

人間を磨く

第六章

心に刻みたい金言―1

歳暮覚迷録

過失や失敗の為にとりみださないように心がけなさい。自分の過失を知ることほど教訓的なことはありません。それは自己教育の最も重要な方法の一つです。

―（英・カーライル）―

何ものをも産み出すことの出来ない懐疑主義に染まってはなりません。諸国民を覆うある時期の悲哀によって落胆させられてはなりません。先ず自ら問うてみることです――自分の修業の為に何を成したかと――そして諸君が段々進歩したなら、更に自分は祖国の為に何を成したかと自問して御覧なさい。そうしてゆけば、諸君は遂に人類の為に、又その進歩の為に、何等《なんら》かの形で寄与したという自覚で広大な幸福感に浸れる時が必ず来るでありましょう。

―（仏・パスツール）―

君子の学は出世の為ではありません。窮しても困《くる》しまず。憂えても意《こころ》が衰えぬ為です。何が禍か、何が福か、どうすればどうなるということを知って惑わない為です。

―（荀子・宥坐篇）―

鏡

彼等他人に向って語ることを学びたりき。己に向って語ることは学ばざりき。

（キケロ）

我々が解決しなければならぬ困難な諸問題は全然物質的経済的な分野にあるものでも、結局は只心性の変化を待ってのみ解決されるのである。（シュワイツァー）

社会は良心の上に立つ。道義なくしては、全文明は威嚇されつつ亡びるばかりである。（アミエル）

人間の真実の正しさは小事に於《おけ》る行に表れる。小事に於る正しさは道徳の根柢《こんてい》から生ずるものである。之に反して大げさな正義は、単に因襲的であるか、或《あるい》は巧智《こうち》に過ぎぬことがあり、人の性格について未だ判明を与えぬことがある。（アミエル）

胡《なん》ぞ殆《そこな》わんと曰う毋《な》かれ。其の禍将に然《も》えんとす。胡ぞ害わんと曰う毋かれ。其の禍将に大ならんとす。胡ぞ傷《いた》まんと曰う毋かれ。其の禍将に長ぜんとす。（大戴礼）

人衆ければ天に勝ち、天定まれば亦能く人に勝つ。（史記伍子胥伝）

陰徳ある者は必ず其の楽を享《う》けて以て子孫に及ぶ。（漢書丙吉伝）

金を積んで以て子孫に遺《のこ》すも、子孫未だ必ずしも守る能わず。書を積んで以て子孫に遺すも、子孫未だ必ずしも書を読まず。如《し》かず陰徳を冥々《めいめい》の中に積んで以て子孫長

久の計を為さんに。（宋、司馬光）

過去の因を知らんと欲せば、其の現在の果を見よ。未来の果を知らんと欲せば、其の現在の因を見よ。（因果経。源平盛衰記巻四十八）

大丈夫―すぐれたるおのこは―

おおかくの如き世に恐るることなかれ。さらば久しからずして汝は知らん、忍苦と剛毅との、いかに気高きこととなるかを。（ロングフェロー）

我々の時代の絶大な闘争は人格対集団主義の闘争である。我々の時代ではヘーゲルの精神とゲーテの精神とが到る処で戦って居る。我々の眼前の急務は現代国家に於る個人の保全を護持することである。私は精神に測り知られぬ力が存在することを信ずる。未来はその力にかかっている。これらの精神的諸力が活現される時、世界の将来

は改善されるであろう。（シュワイツァー）

天下の広居に居り、天下の正位に立ち、天下の大道を行き、志を得れば民と之に由り、志を得ざれば独り其の道を行く。富貴《ふうき》も淫《いん》する能《あた》わず。貧賤《ひんせん》も移す能わず。威武も屈する能わず。此れを大丈夫と謂う。（孟子）

山中の賊を破るは易く、心中の賊は破るは難し。もし諸賢心腹の寇《あだ》を掃蕩《そうとう》して以て廓清《かくせい》平定の功を収むれば此れ誠に大丈夫不世の偉績なり。（王陽明）

牛のよだれ

赤子の大声に呱《な》くは喧《かまびす》しからずして、長人《おとな》の口の中に小言《ごと》をいふはやかまし。

たのしみは苦界《くがい》にあり。極楽にたのしみなし。

不自由は即是自由也といふ理を悟りたる人を大自在通を得たる人といふべし。

人は居所を極楽と見て楽しむ事也。富貴に居ては富貴を楽しみ、貧賤に居ては貧賤を楽しみ、夷狄《いてき》に居ては夷狄を楽しみ、患難に居ては患難を楽しむ也。楽は安楽安居の儀也。此を厭うて彼を貪り願ふは小人の邪路也。君子の正道にはあらず。

天下の艱難《かんなん》を己に引受て苦労をするを大丈夫の君子といふべし。小人はせめて君臣親類朋友の艱難を引受て苦労すべき事也。然るを却つて人の苦労に成る事は恥かしく面目もなき事にあらずや。

人に金子《きんす》を借すならば、小遣帳へ附けて音物《いんもつ》にやると観念して用立べし。其金子を返済したる時は賜物を受けるが如くに思ひて、入帳に附けて、夷大黒殿に神酒をあぐべし。

人に金を借りるならば、返済の儀は覚束《おぼつか》なしと断り置きて借用すべし。万一遅滞せる時の為也。世の中に金銀返済の日限の間違たるより外の恥辱はなき也。

小倉無隣随筆牛涎

小倉無隣名は永世。天明年間九十余歳没。深川の儒者

太陽

さしのほる朝日のことく爽やかに持たまほしきは心なりけり。（明治天皇御製）

神明は日の昇るが如く、身体は鼎《かなえ》の鎮《ちん》するが如くなれ。（清、曽国藩）

御身が造りたまひし万物に対する讃美を受けさせたまへ、我が主よ。わけても我等の日々を造り、その光を惜みなく与ふる勝れた兄弟太陽に対する特別の讃美を。

燦然《さんぜん》として光まばゆく、荘厳にして雄大なる太陽こそ、おお、いと高き我が主よ、御身の輝ける象徴に非ずして何ぞや。（セント・フランチェスコ、太陽讃歌）

太陽を拝む心が私の性質の中にあるかどうかと人から問われたら、私はあると答えるであろう。何となれば、太陽は最高の啓示であり、しかも我々此の世の子らに知覚せしめる最も力強いものであるからである。我々はその中に神の光明と産みの力とを祈念するのである。それによってのみ我々は生き動き存在しているのであり、又すべての動植物も我々と共に生き動き存在しているのである。（ゲーテ、エッケルマンとの対話）

地蔵菩薩

〔一切智成就如来〕未だ出家したまわざりし時、小国の王たり。一の隣国の王と友たり。同じく十善を行じて衆生を饒益《にょうやく》す。その隣国の内所有《あらゆる》人民多く衆悪を造《な》す。二王議計して広く方便を設く。一王発願《ほつがん》すらく、早く仏道を成じて、当に是の輩を度して余り無からしむべしと。一王発願すらく、若し先ず罪苦を度して是をして安楽ならしめ、菩提《ぼだい》に至ることを得しめずんば、我れ終に未だ成仏を願わずと。仏、定自在王菩薩に告げたまわく、一王発願して早く成仏せんとする者は即ち一切智成就如来是なり。一王発願して永く罪苦の衆生を度せんとし、未だ成仏を願わざる者は即ち地蔵菩薩是なり。（地蔵菩薩本願経閻浮衆生業感品）

地蔵菩薩は釈迦仏没して弥勒《みろく》仏のまだ出世せぬ無仏時代に現れて、千体地蔵といわれるように様々の形を取って罪苦に悩む衆生《しゅじょう》を済わんと努力する慈悲の菩薩であります。日本にも平安朝以来民間に最も弘く親しまれて、信仰されて居る菩薩ですが、我々も皆この地蔵精神を分ち持って勤行したいものであります。千体の一体になりたいものであります。

深　省

(一) 知識人の弱点

無智と感情が民衆の道徳性を危くするとすれば、道徳的無関心は極めて教養の高い人々の病気であると云わねばならない。叡智と徳性、思想と良心、思想的貴族と心懸けの良い粗野な民衆との間のこういう分離は、自由にとって最大の危険である。洗練された人、皮肉な人、懐疑的な人、繊細な人が多くなればなる程、それは社会の化学的分解を指し示すものである。

物に興味を失った嘲弄家《ちょうろう》は、一般の義務に関心を持たず、少しの努力を避ける為にどんな不幸をも防ごうとしない利己主義者である。そのすれた点は、もはや気節を持っていないところにある。それによってこの連中は真の人間性から遠ざかり悪魔的本性に近づいていている。

メフィストフェレスに欠けているものは何であるか。どうみても才智ではない。善意である。

(二) 男らしい諦め

「制限の中に於てはじめて名人はその腕を示す」とゲーテは言った。男らしい諦め、これは処世の名人達の座右銘でもある。男らしさとは勇気があり、活動的で決断力があり、不撓不屈の精神を持っていることである。諦めとは思い切ること、己を捨てること、自己の内部に赴《おもむ》くこと、自から律することである。諦めの中の力、それは地の子の智慧である。それは戦う生活の中で存し得る沈着である。それは殉教者の平和であり、勝利の約束である。

—瑞西《スイス》　アミエルの日記より—

考えるということ

考えるということは結局自分自身にはっきり分るように話しかけることである。

現に世間の会話というものが低級になった理由は、我々が自分自身に話す方法を知らないからである。

—Ｃ・Ｗ・ファーガソン—

羞ずるということ

三十以下の人々に羞恥心が無ければ残念なことである。若い人々がいかにも得々として居るのは感受性を欠いて居る証拠である。男女を問わず、二十歳で已に羞恥心を無くして居る者は、四十過ぎにもなれば、鼻持《はなもち》ならぬ退屈な存在となるであろう。羞恥心は個性を育む保護液である。

—Ｈ・ニコルソン—

恥じないこと

人は恥ずるということがなければならぬ。無恥ということを恥ずるなら、まず恥ずかしくないものになれるであろう。

—孟子—

人間二題

家族生活が弱まれば

もし家族がなかったら、人間は広大な宇宙のなかでふるえて居なければならぬ。種々の理由から、家族生活の強みが減少した国々では、人々は大衆に接近して、大衆と共に考えたい要求を感ずる。彼等はこの親しい、温かい、小さなグループを失ったことを償うために、彼等の愛情や生活を多数の人々に固く結びつけなければならない。彼等は原始的な共同団体のもつ粘着力を再び発見しようと試みる。だがそれは大民族になるほど常に作為的であることを免れず、危険も亦大きいのである。

孤独の秘義

人生の重要な問題になると、我々は孤独である。そして我々の真の歴史は殆んど他人には解釈出来るものではない。戯曲の重要部分は独白である、というよりも神と我々の良心と我々自身との親しい討議である。

—（瑞西）アミエル—

話相手

話をし合う場合、物わかりがよくて、愉快げに見える人は実に稀である。それは人々の十中八九が相手の話をよく聞こうとするより、自分の言おうと思って居ること に考を持ってゆくからだ。

そういう人の眼のうち、心のうちには、ただ漫然と相手の話に耳を傾けながら、自分の言おうと思っている所に、一刻も早く話を落そうとする気ぜわしさが垣間《かいま》見られる。そういう人は、自分を満足させようとあせることが、他を喜ばせたり説得したりするには拙策であり、よく聴き、よく答えることが、話をし合う場合の立派な態度であることを案外知らないのである。

—（仏　ラ・ロシュフコオ）—

気分と意志

悲観主義は気分に属し、楽観主義は意志に属する。凡《いわ》ゆる幸福は意志と自制とで出来ている。どんな場合にも、理窟は奴隷である。気分というものは驚くべき構想を組立てるもので、狂人になってはそれが拡大されているのである。いためつけられているると思い込んでいる不幸な人の文句にはいつでも本当らしさと雄弁さとがあるものだ。真の楽観主義の雄弁は心を静める種類のものである。お喋りな昂奮とは全く違うものである。

―（仏　アラン）―

人間の深省

卑　俗

絶望は唯《ただ》青年期にのみあるもので、人は年と共に、おのずと絶望する様な愚《ぐ》から解脱するものだとするは、全く絶望的な妄想である。それは歯や髯《ひげ》が年齢と共にひとりでに生えてくるように、信仰や智慧についても、そんなものだと呑気《のんき》に構えている類である。

だが他のものはひとりでに人間に備わってくるかも知れないが、信仰と智慧だけはそうはいかない。精神的なものにあっては、人は一般に年と共にひとりでに何かに到達するというようなことはあり得ない。寧《むし》ろ精神に関しては年と共に知らずの裡《うち》に何かを失う場合が多い。人々は年と共に自分の持っていた僅《わず》かばかりの情熱と内面性とを失うのである。

人は自分の都合のよい様に人生を解釈し、それに安住する。而も彼は放心していて、これを一つの進歩と見做《みな》している。そして自分は最早《もはや》絶望するようなことはない、そんな危険はないと思っているが、豈図《あに》らんや、彼は最早絶望することが出来ない程絶望しているのである。

絶望するには精神がなければならないが、彼はその精神すらも捨ててしまっているのである。

固陋

罪は精神の頑迷《がんめい》である。人々は罪といえば何時も殺人・盗み・姦淫《かんいん》といったようなものを数えあげるが、然しそういう罪が一つもなくても、生活そのものが罪であるという場合があるのである。我意の場合は正にそれである。

我意とは、本当に深い意味で人間的自己が、その内心に秘めている願いや思いに関しても神に従順であるように命ぜられているということを、精神喪失や横着に因《よ》って、知らずに通そうとすることである。

又それは、神がかすかな目くばせによって、神の意志が那辺《なへん》にあるかを各個人の心に暗示する場合に、それをすばやく捕えることに欠けていることであり、すすんでそれに従おうという心構えに欠けていることである。

――（丁《デンマーク》）キェルケゴール――

先輩のユーモア

とび出して　見ても浮世の　外はなし　早たち帰れ　もとの心に（読人知らず）

犬生きと　思へどむだに　死ねもせず　死ねばやっぱり　犬死にとなる（杉浦重剛）

おのが身に　ばかさるゝをば　知らずして　狐狸《こり》を　恐れぬるかな（一休）

道二つ　仁と不仁の　追分や　左は地獄　右は極楽（白隠）

気は長く　勤めは堅く　色薄く　食細うして　心広かれ（天海）

落ちてゆく　奈落の底を　のぞき見ん　いかほど欲の　深き穴かと（*円智）

＊浪華に知られた紀国屋亦右衛門。百両の元を十年ほどの中に十万両にし、そっくり主家に与えて、飄然入道したと伝えられる。

欲深き　人の心と　降る雪は　つまるにつれて　道を失ふ（高橋泥舟）

南無釈迦ぢや　娑婆ぢや地獄ぢや　苦ぢや楽ぢや　どうぢやかうぢやと　言ふは愚ぢや愚ぢや（坂本龍馬）

身を削り　人をば救ふ　すりこ木の　この味知れる　人ぞ尊とき（親鸞）

＊上人越後回国中、すりこ木の図に賛を乞われてものせし歌

この家を　貧乏神が　とりまきて　七福神の　出所もなし（仙崖）

評伝　日本もかくのごとし

書生を誡む

人・難に臨み死を畏《おそ》るゝは固《もと》より鄙《いやし》むべし。然れども速かに死するを以て快となすものも亦貴ぶに足らず。本邦人は性・慓《ひょう》急にして動《やや》もすれば輒《すなわ》ち死を決す。是れ其弊なり。

吾れ嘗《かつ》て謂ふ、我《わが》邦の武士は元亀天正の際より盛んなるはなしと、然れども当時の風尚は一死・身を潔くするを以て能事《のうじ》畢《おわ》るとなし、復た後患《こうかん》を顧みず。夫れ万般の責任を一身に担《にな》はんと欲せば、至艱至難に耐へ、綽々《しゃくしゃく》として余裕ある者に非ざるよりは能はざるなり。

嗚呼《ああ》幕政の末造《まつぞう》（末世）に方《あた》り、生死の途に出入し、窮厄《きゅうやく》を踏み、心膽《しんたん》を錬り、終《つい》に皇政維新の洪《こう》業をなしたるものは既に黄土に帰せり。今の局に当る者は概ね其支孽《げつ》のみ。此後十年当に庶務を調理し、国威を振揚すべきものは汝等書生の肩頭に懸《かか》る。汝等果して能く此重任に耐ふるか否《あら》らざるか。予が見る所を以てすれば、近時の書生は僅《わずか》に一二の学科を修め、多少の智識を具《そな》ふるに過ぎず。而して天下は一大活物にして区々《くく》たる死学問、小才子の能く弁ずる所にあらず。必ずや世間の惨風を凌《しの》ぎ、人生の酸味に飽き、世態を知り人情を尽して、然る後与《とも》に経世の要務を談ずべし。

吾れ後進の輩に告ぐ、宜しく身を因約に投じ、実才を死生の際に磨くべきのみ。

―勝　海舟―

日用の工夫

近来自覚す。向時《さき》の工夫は止《た》だ是れ文義を講論するのみ。以為《おも》えらく、義理を積集すること久しければ、自《おのず》から当《まさ》に力を得る処有るべしと。却って日用の工夫に於て全く検点を少《か》く。諸朋友往々亦《また》只《ただ》此の如く工夫を做《な》す。所以《ゆえ》に多く力を得ず。今方に深省して痛く之を懲らし、亦諸同志と勉めんと欲す。

―朱子与呉茂実書―

不退の信

抑々《そもそも》今の時、法華経を信ずる人あり。或は火の如く信ずる人もあり。或は水の如く信ずる人もあり。聴聞する時はもへ（燃え）たつばかりをも（思）へども、とをざ（遠）かりぬれば、すつる心あり。水のごとくと申すは、いつもたい（退）せず信ずるなり。此れはいかなる時も、つねにたいせずとわせ給《たま》へば、水のごとく信ぜさせ給へるか、たうとし、たうとし。

―日蓮・上野殿御返事―

救世の悲願

願わくば我れ菩薩道を行ずるの時、若し衆生《しゅじょう》有り、諸《もろもろ》の苦悩恐怖等の事を受けて、正法を退失し、大闇処に堕して、憂愁・孤窮・救護有ること無く、依《え》無く、舎無からんに、若し能く我れを念じ、我が名字（観世音菩薩）を称《とな》え、若し其れ我が天耳《に》の聞く所、我が天眼の見える所と為り、是の衆生等若し斯の苦悩を免るることを得ずんば、我れ終《つい》に阿耨羅《あのくたら》三藐《みゃく》三菩提《ぼだい》を成《じょう》ぜじ。

―悲華《ひけ》経諸菩薩本綬品―

地球と人間

我々が知りたいのは、この古い地球上で、もはや人間はだめなのかどうかということと、我々がどうすれば人間を造り直すことが出来るかということである。

（仏）アンドレ・マルロー

我々の第一の目的は、フランスを共産党の征服に対して護持することにある。その為にフランス人をして、フランス人としての使命――西欧人としての使命の偉大さを意識させるにある。フランスとその歴史、その文化の継承の意義を確立しないで、どうしてモスコウやワシントンを相手に話ができるか。

（同前）

現在世界の混乱の中で、我々が多くあってほしいのは、骨の有る人々、即ち確乎《かっこ》たる思想と勇気と、いくらか不屈の頑固さを持った人々である。

＊ムニエは現代フランスの勝れた思想家の一人であったが、一九五〇年の四月、四十五歳で早逝した。

（仏）エムマニュエル・ムニエ＊

人類がこの遊星上に生存する為には互いにいがみあう必要の無い人々、いがみあう人々とは違った種類の人々、必要な時には他の人々のいがみあいを抑止する有効な措置を執《と》れる人々が、適処《てきしょ》に多く居なければならぬ。

（米）H・オーヴァーストリート＊

＊米国の異色ある心理学者

個人と社会の道徳的進歩以外、文明の基礎に何が在るか。又物質的進歩のみを目的とし、自分の幸福だけを求める人間から一体何が期待出来ようか。文明を救う為には、倫理と進歩の概念を結合させることが必要である。

（アフリカ）A・シュワイツァー

現代人と生活

昔は、人間の目は一本の蠟燭《ろうそく》で満足して居た、或は油に浸した一本の灯心で。そしてその頃の学者は夜好んで仕事をしたが、彼等はゆらめく貧弱な光で、平気で読みもし、又著作もした。然るに今日の人間は五十燭《しょく》百燭の光を必要とする。

昔は馬の走る速さで満足して居たが、今日では急行列車もまだ遅く感じられ、電報がじれったいのである。

耳はオーケストラの全音量を要求し、ひどい不協和音を受入れ、貨物自動車の轟《とどろ》き、機械の叫びや唸《うな》り声に慣れて、それらの騒音が音楽会で演奏されることをさえ望むのである。

不眠症の流行は著しく、世界に最早人工的な睡眠しか出来ない者が何と多いことであろう。彼等は虚無の状態に陥る為に化学工業の精妙な援助を必要とするのである。

事件というものが今日では一種の食物として要求され、その味つけがまだ足りないことを終始不満に思われて居る。たとえば朝起きて、世界に何か大きな不幸が起って居ないと、一種の空虚を感じて、「今日の新聞には何もない」という。

そういう事実から、人間の感覚が現代に於《おい》ては頽廃《たいはい》しつつあることを推知《すいち》せられる。我々は何かを感じる為に昔よりも更に強い刺戟《しげき》、更に大きなエネルギーの消費を必要とするということは、我々の感覚の繊細さが一時は洗練されて往った時代があった後、今や又衰えつつあることの証左である。

二十年後にはどうなって居るでしょうか。我々は未来に向って後退《あとずさ》りしてゆくようです。

（以上、仏・ヴァレリー）

これは鋭い警告である。我々はここに真剣な精神と文明の建直しを要する。これを究明し実践するのは我々の一大任務である。

つれづれぐさ

なかなかに　遊ぶいとまは　ある人の　いとまなしとて　書読まぬかな（本居宣長）

悪しき人は　悪しといふとも　善き人に　善しといはるゝ　人は善き人（石川理紀之助）

山里に尻ごみしつゝ　入りしより　浮世のことは　屁とも思はず（四方赤良）

気は長く　勤めは堅く　色薄く　食細うして　心広かれ（天海僧正）

慾ふかき　人の心と　降る雪は　つもるにつれて　道を失ふ（高橋泥舟）

下駄足駄　造りかへれば　釈迦阿弥陀　かはればかはる　ものにぞありける（行誠上人）

もだ居りて　さかしらするは　酒のみて　ゑひなきするに　なほしかずけり（大伴家持）

貧しきは　富を羨《うらや》み　富みぬれば　貧しきかたの　おもしろげなる（大隈言道）

涼しきは　あたらし畳　青簾《すだれ》　妻子の留守に　独り見る月（詠人不知）

蟻[*]と蟻　うなづきあひて　何か事　ありげに奔る　西へ東へ（橘曙覧）

＊極東通のロベール・ギラン氏が中共視察記の中に、中共政権下の人民を「青い蟻」にたとえて居るが、この歌から何か連想される。

世間と自分

世道人心の堕落している第一の徴は真実の追放である。全くピンダルス（ギリシャの詩人）の言ったように、真実であることこそ偉大な徳の始である。これこそプラトーがその理想国の支配者に要求した第一条である。（仏）モンテーニュ

鉄砲でうたれた傷は治すこともできよう。然し、人間の口でやられた傷は、決して治すことのできないものである。ペルシャの諺

苦悩は肉体的にも精神的にも人間が成長してゆく為に欠くことのできない条件である。過失や失敗の為にとりみださないように心がけよ。自分の過失を知ることほど教訓的なことはない。それは自己教育の最も重要な方法の一つである。（英）カーライル

富むということは苦労がなくなることではなくて、苦労の種類が変ることにすぎない。（ローマ）エピクルス

いかなる人を賢というか？　あらゆるものから何かを学びとる人。いかなる人を剛（強）というか？　自分自身に克《か》つ人。いかなる人を富というか？　自己の分に満足する人（足るを知る人）。（猶太法典）タルムード

第七章

心に刻みたい金言—2

世と人について

天下濈々《きき》（たのしげ）として皆利の為に来り、天下攘々《じょう》（ごたごた）として皆利の為に往く。（史記・貨殖伝）

天下本《もと》無事。庸人之を擾《みだ》して煩を為すのみ。ただその源を澄ませば、何ぞ簡ならざるを憂えんや。（唐書・陸象先伝）

人に分つに財を以てする之を「恵」と謂う。人に教うるに善を以てする之を「忠」という。天下の為に人を得る者之を「仁」という。是の故に天下を以て人に与うるは易く、天下の為に人を得るは難し。（孟子）

天の時は地の利に如《し》かず。地の利は人の和にしかず。（孟子）

人衆《おお》き者は天に勝つ。天定まれば亦能く人に勝つ。（史記・伍子胥《ごししょ》伝）

その人存すればその政挙がり、その人亡《な》ければその政息《や》む（中庸）

人を知る者は「智」なり。自ら知る者は「明」なり。
人に勝つ者は「有力」なり。自ら勝つ者は「強」なり。（老子）

人に勝たんと欲する者は先ず自ら勝て。人を論ぜんと欲する者は必ず先ず自ら論ぜよ。（呂覧・先己）

人を誉《ほ》むるにはその義を増さずんば聞く者心に快ならず。人を毀《そし》るにはその悪を益さずんば、聴く者耳に満たず。（新論・傷讒）

法敗れて政乱る。乱政を以て敗民を治むるは、未だその可なるを見ざるなり。
(韓非子・難三)

東西雅人の嘆

十年を過ぎずして茶の本道すたるべし。すたるとき、世間には却って茶湯繁昌と思うべき也。悉《ことごと》く世俗の遊事に成りて、浅ましき成れの果、今見るが如し。悲しいかな。宗易《そうえき》、和漢ともに古来これ無き露地(1)草庵一風の茶を工風(2)し、恐らく趙州(3)の意味にも叶う可きかと思うに、末世相応ぜず、程もなく正道断絶すべき事、口惜しき事也。二畳敷も頓《やが》て二十畳敷の茶室になるべし。易(宗易。利休の名)は二畳敷をしつらえたるさえ道の妨かなと後悔さる。兎に角、加様《かよう》に思うも茶道の執着也。仏祖聖賢の大道さえ時有って栄え衰う。聊《いささ》か悲しむ可からず。末世出現の仏も無きに非ず。此の道に於ても得心の人後代に出来《しゅったい》し、御坊(4)や休(利休)が志を感通することもあるべし。左様の人に一服の茶を手向《たむ》けられたらば、百年の後たり共、骸骨《がいこつ》潤を得て、亡魂《ぼうこん》などか受け

悦ばざるべき。必ず茶道の守神となるべし。仏祖もなどか力を添えたまわらざらん。（南坊録）[5]

註　(1)露地＝茶室に配された庭園を特に露地といい、それは門内庭上の通路のこと、自然、素朴で茶室に通ずる路の限界を超えないことを第一義としている。草庵＝「草をもって座を蔽う、これを庵という」と「釈氏要覧」が説くように田園風な出世間的要素をもつことを基とした。

(2)工夫に同じ。(3)唐の禅僧。(4)南坊完哲と利休。(5)利休の弟子南坊完哲が師利休の言葉を集録したものと伝えられるものであるがその真偽は未だ不明である。

いったい現代の如くスローガンと……ジャーナリズムと大げさな見だしと、投機の内報と、辞令抜きの談判と、拡声器の蛮声と、だぼらの声明と、悪質のペテンと、気狂病院のたわごとと、高度の爆発性をおびた種々の空想の充満する悪魔の殿堂において、詩のことばが聴手に通ずるのぞみがあるとは思われない。—英詩人　C・D・ルーイス

夫婦親族心得

長阿含《ちょうあごん》・善生経《ぜんしょうきょう》・六方礼経《ろっぽうらいきょう》に説いている中の親切な言葉――

夫の妻を敬親するに五事あり。

一には、待つに礼を以てすべし。二には、威厳を闕《か》くべからず（夫らしい品格と迫力がなければならぬ）。三には、時に随って衣食せしむべし（適宜に著《き》せもし、食べさせもせよ）。四には、時を以て荘厳せしむべし（然るべき必要に応じて、おめかしもさせなさい）。五には、家事を委付《まか》すべし。

妻の夫を恭敬するにまた五事あり。

一には、先に起きよ。二には、後《あと》に臥《ね》よ（夫が臥てから自分もねよ）。三には、言を和《やわら》げよ。四には、敬順なれ。五には、意に先だちて旨《むね》を承《う》けよ（気をきかせ）。

人の親族を敬うに五事あり。

一には、物を贈る。二には、言を善くす。三には、利益す。四には、利を同じくす。五には、欺かず。

親族の、この人を敬うにもまた五事あり。

一には、その放逸《ほういつ》にこころす（そのふしだらを他人の様に一概に咎めず、注意深く見護ってやる）。二には、その失敗にこころす。三には、その恐怖ある時に救護す。四には、その私事を他人に語らず。五には、その善事を称嘆す。

夫婦や親しい者の間に、これだけのことができれば、社会の平和と幸福とはたちどころに実現できるであろう。それができないかぎり、世界の平和とか、人類の幸福とかは要するに空論であろう。

年頭の玩味

人の年は草の如く、その栄は野の花のようなものである。旧約聖書

人間は只一本の、しかも最もか弱い葦にすぎない。然しそれは考える葦である。
(仏) パスカル

人間の真の学、真の研究対象は人間それ自身である。
(仏) シャロン。中世神学者。モンテスキューの弟子

人間は暗い影をもっている存在である。その何処より来り、何処に去るかを知らない。この世のことには無知で、彼自身のことには蒙昧《もうまい》である。(独) ゲーテ

大都市が空気を汚染するように、文明は人間を堕落させている。（瑞西）アミエル

人生は習慣の織物である。同前

習慣は天性に十倍する（英）ウェリントン

奸策と不信との間には戦が止まない。唯だ誠実と信頼との間にのみ平和がある。（独）シラー

模範は訓言よりも有益で有効である。（英）サミュエル・ジョンソン

模範は人類の学校である。これが無ければ学ぶ所が無い。（英）エドマンド・バーク

歴史は模範によって教える哲学である。（希）ディオニュソス

何よりもまず人間に精神的・社会的な一大変革を達成することが肝要である。政治がこの問題の解決を如何に熱心に謀っても、それだけでは全く無力である。この精神革命は社会革命よりもはるかに徹底した、深遠なものとなるであろう。（亡命ロシア学者）ベルジャーエフ

刮目すべきことの三つ

生きることほど難しい業はない。他の芸術や科学では、到る処に多くの教師が見つけられる。若い人々でさえ、これはこうして習ったのだから、その通り他人に教えられると信じている。然し人は一生かかって生きることを学びつづけなければならない。しかももっと驚くべきことには、人は一生かかって死ぬことを学ばねばならないのである。（ローマ）セネカ

人類は科学や芸術を生み出すだけの智慧を具《そな》えていた。それなのに、どうして正義・友愛及び平和の世界が作り出せないのだろうか。

人類はプラトー、ホーマー、シェークスピア、ユーゴー、ミケランジェロ、ベートーヴェン、パスカル、ニュートンを生み出した。彼等は皆その天分によって根本的な真理に与《あずか》り、宇宙深奥《しんおう》の神髄《しんずい》に参ずることのできた人間の英雄である。ではなぜ同じ人間が、生活に最も密接し、宇宙と調和した共同体生活という形態に人間を導くことのできる指導者を作りだすことができないのだろうか。（仏）レオン・ブルム

過去はもはやどうにもならないが、未来は我々の腕次第である。この無限な力の特権を利用しようではないか。

この場合我々の義務は啓蒙された理性と思慮ある意志との声に従うことである。我々には多くの社会秩序に関する問題を解決し、過去の社会に生じた多くの思想を完成し、人間が関係を持つ重大問題に答を与える召命《しょうめい》があることを私は深く信じておる。

（十九世紀ロシヤの有名な歴史学者、チェダーエフ）

人

不遇の若き賢人の遺言＊

情深い人でなかったら、真に正しい人にはなれない。
春の始の風情も、青年の徳の芽生えほどではない。
美徳を小人が欲得から実行するほど、美徳の利益はいちじるしい。
利欲はいくらも富を作らない、利欲故に柔和《にゅうわ》な人間は始末が悪い。
繁栄はいくらも心友を作らない。
何にでも耐える心得のある人こそ、何でも敢て為すことができる。
忍耐は希望を持つ技術である。
絶望は人の不幸と弱さをこの上もないものにする。
曖昧は誤謬の住む国である。

表現の明るさは、深い思想を美しくする。隷属は終いにはそれを好ましいことに思ってしまう戦争は隷属ほど負担が重くない。隷属ほど人間を低いものにする。

＊これはフランスのヴォーヴナルグ Vauvenargues（一七一五―四七）の箴言である。高貴な精神と、ゆかしい人柄とを備え、若くして友達から父とさえ慕われた人であるが、早く病にかかり、不遇の中に哲学と文筆を楽しみ、三十二の若さで没した。相識のヴォルテールは、彼はこの上なく不運であったが、この上なく落着いた人であったと評している。世の不遇の友の為にこの一篇を贈る。

危険な錯覚！

Ｇ・チェスタートンは社会学者として時々鋭い逆説を以て論理と知識に代用する。彼は、「医者の話の誤りは健康の観念と養生の観念とを結びつける点にある。健康は養生とどういう関係があるだろうか。むしろ健康は不養生と関係がある。医者が異常に悪い病人に向って話す時は、気をつけるように注意するのは当然であるが、社会学者が正常な人に向って話す時、それは人類に話すのである。正常な人間は向うみずでなければならぬ。健康な人間の根本的機能は、おっかなびっくり遂行するようなものではないということを強調する必要がある」と云っているが、この軽妙な言葉は将来益々社会的に重要になると思われる医学の一面に注意を喚起する効果があると思う。

健康は自ら努力する必要のない、医者が与えてくれるもの、或は薬屋で買う薬品によって受動的に到達する状態であるという様な幻想を与えてはならない。健康は創造的な生活方法に依存するのであり、変化して止まない環境から絶えず起ってくる予想できない挑戦に対して、人間がどの様に反応するかということに係るのである。

安全・快適を是れ求め、苦痛と努力をひたすら避けようとする過度の関心は、経済的・生物学的に危険性を有するものであり、事実、社会的・民族的自殺にひとしいということを認める勇気がなければならない。個人の適応力を高め、遺伝的悪化を防ぐ方法を発見しないならば、将来我々は生命の健全さと、その多くの価値を犠牲にして、只《ただ》命を延ばそうとして徒《いたずら》に一の保護法から他の保護法へと狂奔《きょうほん》するにすぎぬことになるであろう。

（米）ロックフェラー研究所ルネ・デュボス教授、医学的ユートピア、一九六〇・四月アメリカーナ誌より

五月五観

五交　世に五交がある。その一を勢《せい》交という。勢力ある者に交を求めることである。二を賄《わい》交という。財力ある者に交を求めることである。三を談《だん》交という。言論に長ずる者に交を求めることである。四を窮《きゅう》交という。窮困の苦しさの為に求める交である。五を量《りょう》交という。利害を打算して得な方に附《つ》く交である。どれも恥ずべきものである。いずれもうまくはゆかない。（劉峻・広絶交論）

五悪　盗賊より悪質な五つの問題がある。仕事がよく出来て、心険しいものが一。行が偏向して、しかも頑固なものが二。言うことが実は偽で、しかも口が達者な

のが三。くだらぬことばかり覚えて、しかも博識であるのが四。悪勢力に附いて、しかもよく恩を売るものが五。いずれも世を乱るものである。（荀子・宥坐）

五善

人として常に何が善かを問い、親しい仲を問い、礼儀を尽すことを問い、政治の要を問い、患難を問う。これ実に人間味豊かな五善である。（左伝・襄公・四）

五美

人を恵んで厭味なく、労して怨みず、欲して貪らず、泰《やすら》かで驕《おご》らず、威あって猛からず――と。人は誠にかくありたいものである。（論語・堯白）

五恨

美味の魚に骨多く、みごとな橘《たちばな》に酸味強く、蓴《じゅん》菜は質《たち》が冷たく、海藻香無く、曾子固（宋の名士）は詩を能くせぬ。（宋・釈恵洪・冷斎夜話）

我等もせめて一恨に値したい。

文明の自滅を救うもの

人間はあらゆるものの尺度 the measure of all でなければならない。然るに人間は却って自ら作った世界の異邦人 a stranger in the world である。

人間は自分の本質に関する真の智識を持たなかった為に、この世界を自分の為に作りあげることができなかった。あらゆる物質の科学が生物の科学を凌《しの》いで発達したことは誠に人間が蒙《こうむ》った最も悲惨な禍の一つである。人間を知らない人間の作った世界は人間の身体にも精神にも適しないものであった。これは不幸である。

我々は道徳的にも精神的にも退化を続けている。工業文明が最も発達した諸国民が、きまって先ず弱ってゆくではないか。そして野蛮に返るのも彼等が早い。――実際現代文明は不思議にも却って生を不可能にするような状態を作ってしまった。

人間についてのもっと深遠な知識より外にこの悪の救いはない。これによって我々はどうして現在の環境に応じ、自ら防衛し、必要とあらばいかに革命するかということもわかる。

我々の肉体や精神の世界を支配する厳粛な法則を示し、許されることと、許されないことを明らかにし、我々の環境や人間自身をほしいままに改めることは断じて許されないということを教えてくれるのは、この知識より外はない。

近代文明が生存の自然的条件を無視してきた今日、人間の科学 the Science of man があらゆる科学の中で最も必要となった。

（仏）A・カレル・Man, the Unknown 第一章第六節より摘訳

口のききかた

人は口のききかた、話のしかたで、その人となりや、出来ばえのほどがよくわかる。世の中のことは意外なほど人々の口によるものである。

良寛禅師のよい戒がある。

㈠ことばの多き。㈡口のはやき。㈢あわただしくものいう。㈣あいだのきれぬ様に

ものいう。㈤物いいのはてしなき。㈥物いいのくどき。㈦とわずがたり。㈧へらず口。㈨さしで口。㈩ことばとがめ。(一一)手がら話。(一二)自慢話。(一三)おれがこうしたく。(一四)人の物言いきらぬに物いう。(一五)わが事をしいて言いきかさんとする。(一六)人の邪魔をする。(一七)鼻であしらう。(一八)ことわりのすぎたる。(一九)ことばのたがう。(二〇)悪しきと知りながら言い通す。(二一)おのが意地を言い通す。(二二)そうでもなきことと知りながら言い通す。(二三)あやまちをかざる。(二四)*ひき事の多き *引用。(二五)ものいいのことごとしき。(二六)好んで唐*言葉をつかう *今日ならば西洋語。(二七)田舎者の江戸言葉。(二八)学者くさき話。(二九)風雅くさき話。(三〇)悟りくさき話。(三一)茶人くさき話。

(三二)たやすく約束する。(三三)人に物くれぬ先に何々やろうという。(三四)くれて後、そのことを人に語る。(三五)返らぬことをくどくどくどく。

(三六)推し量りの事を真事になしていう。(三七)よく知らぬことを憚《はばか》りなくいう。(三八)たしかにも知らぬことを人に教うる。(三九)知らぬことを知ったげにものいう。(四〇)物の講釈をしたがる。(四一)いささかなることをいいたてる。

㊷おかしくもなきことをわらう。㊸子どもをたらしすかしてなぐさむ。㊹憎き心を持ちて人を叱る。

友　交

各人二十歳になれば、神殿において、自分の友人達が誰であるかを届け出ねばならぬ義務がある。この届出は毎年風月（フランス革命暦の月名。太陽暦の二月十九日から三月二十日に至る）の間に更新されねばならぬ。友情を信じないというもの、又は一人も友を持たぬ者は除く。＊（仏）サン・ジュスト

＊フランス革命当時、恐怖政治の中心人物。

我々はすべて旅人である。我々の旅行中に発見する最良のものは誠実な友人である。多くのこういう友人を発見する人は幸福な旅人である。我々は実にその友達を求めて旅をする。友は生の目的であり、果報である。（瑞西《スイス》）カール・ヒルティ

深い心の人が深い心の人を思うこそ完全な友愛である。浅い心の人が浅い心の人を思っても大した障りはない。深い心の人が浅い心の人を思う時、それこそ人生の悲劇が始まるのである。　同前

孤独よりすらもっと静寂な友交がある。それは正しく解すれば完全にされた孤独である。（英）小説家　ロバート・L・スティヴンソン

社交は孤独の趣味と一致し難いが、友交は決してそうでないという考は正しい思想である。友交はそれゆえに孤独を愛する人々にも適合する。　ヒルティ

恋愛は激情から、友情は誠実から生ずる。凡ての友情は愛であるが、凡ての愛は友情ではない。愛は屢々《しばしば》盲目であるが、友情は智慧に基づく。それ故に神は真のそして永遠なる友情の本源であり、基礎である。（瑞西）宗教改革者　ツウィングリ

最高の友誼《ゆうぎ》、即ち人間がこの地上で到達し得るそもそも最高の事は神との友誼である。

　ヒルティ

マルクス・アウレリウスの言葉

私は祖父から、善良な行状と激情の節制とを学んだ。

私の父の名誉と思出からは、謙譲と男性的気品とを学んだ。

私の母からは、敬虔と仁徳と、又単に悪い行いばかりでなく、悪い考えをも忌むべきこと、尚又富者の習慣とは遠く異った素朴な生活の仕方などを学んだ。

ルウスティカス（アウレリウスが信服した学者）からは、私自身の性格が矯正と修養とを要するという肝銘《かんめい》を受けた。

アレキサンダー（プラトン学派）からは、自分が暇を持たないということを人に向って屢々、しかも必要もないのに言ったり、或《あるい》は手紙に書いたりしてはならぬこと、又要事にかこつけて、それを始終口実にして自分の親しい人々との間の交誼《こうぎ》に必要な義務を怠ってはならぬことなどを学んだ。

今、君が偶然に出遇っているその生活の場面ほど、哲学にあてはめるに適当したものはない。それは実に明白である。

ピタゴラス学徒は我々にこう言うてきかしている、毎朝大空を仰ぎ眺めて、諸々の天体が不断に同じことをなし、彼等各々の事を同じ風に行っていることに思を致し、尚又彼等全体の純潔と赤裸々とを想いみるがよい。どの星も覆いはないのである。

エペソ人の文書の中にこんな訓言があった。曰く、美徳を行った昔の人々の一人を常に念頭に置け。

万物が互にいかに変化するかの理を諦観することを身につけよ。——これのできる人は身体の事に執着せず、やがて自ら人間界を去るべきことや、一切の事物をこの世に残さねばならぬことを覚《さと》っておるので、彼は己のあらゆる行為を正しくすることに全身全霊をうちこみ、その他すべての事に関しては己自身を宇宙の本性に任すのである。

これぞ人間の妙味

孔子の頃の話、斉の景公と名相の晏子《あんし》との問答である。

或日景公は不機嫌で、晏子に問うた。何か願いはないか。

(晏子) 何もありません。

(景公) 何か言え。

(晏) では、私の願いとしては、畏れて下さるような君があり、頼りきってくれる妻があり、後を嗣《つ》がせる子があることです。

(公) 善いな。もっとないか。

(晏) 君は聡明であり、妻は才たけ、家貧しからずして良い隣人のあることです。君明なれば日々私の行う所に順って下さる。妻才あれば私に彼女のことを忘れさせません。家貧でなければ、朋友知人に慍られないですむというものです。良隣あれば日々に立派な人物を見ることができます。これが私の願です。

(公) なるほど善いな。

(晏) 実はまだあります。骨折って輔けねばならぬ君があり、離縁したくなるような妻があり、怒鳴りつけたいような子のあることです。

(公) なるほど善いわい。


(晏子春秋)

どうです、皆さん、わかりますか。

飲食訓

人生日々に飲食せざる事なし。常につつしみて欲をこらへざれば、過ぎ易くして病を生ず。古人・禍は口より出で、病は口より入るといへり。口の出し入れ常に慎むべし。

五臓の初めて生ずるは腎を以て本とす。生じて後は脾《ひ》胃を以て五臓の本とす。飲食すれば、脾胃まづ是をうけて消化し、其の精液を臓腑《ぞうふ》におくる。臓腑の脾胃の養をうくること草木の士気によりて生長するが如し。是を以て養生の道は先《まづ》脾胃を調《ととの》ふるを要す。

朝食いまだ消化せずんば昼食すべからず。点心（お十時や、おやつの類）など食ふべからず。昼食いまだ消化せずんば夜食すべからず。前夜の夜食猶《なお》滞らば、翌朝食すべからず。或は半減し。酒肉をたつべし。

夕食は朝食より滞りやすく消化しがたし。晩食は少きがよし。軽く淡き物をくらふべし。

四時老幼ともに、あたゝかなる物くらふべし。殊に夏月は、伏陰《ふくいん》・内にあり。わかく盛んなる人も、あたゝかなる物くらふべし。生冷を食すべからず。滞りやすく、泄瀉しやすし。冷水多く飲むべからず。

水は清く甘きを好むべし。清からざると、味あしきとは用ふべからず。湯は熱きをさまして、よきころの時飲むはよし。半沸の湯を飲めば腹はる。

交友と同じく食する時、美饌《びせん》にむかへば食ひ過ぎやすし。飲食十分に満足するは禍の基なり。花は半開に見、酒は微酔《びすい》に飲むといへるが如くすべし。興に乗じて戒を忘るべからず。欲を恣《ほしいまま》にすれば禍となる。楽の極まれるは非の基なり。

（貝原益軒・養生訓より）

まことのすがた

ただよく念仏すべし。石に水をかくるようなれども、申さば益あるなり。あか子念仏がよきなり。（明禅）

子児の母をたのむは、またく（全く）其故を知らず。ただたのもしき心ある也。名号《みょう》を信敬《ぎょう》せんことかくのごとし。日頃後世《ごせ》の心あるものも、学問などしつれば、大旨《むね》は無道心になる事にてあるなり。忍阿弥陀仏、和漢の文字みなもて忘却す。片仮名に依って之を用ゆ云々。あみだ仏はまたく風情もなし（全く別段のことはない）。ただ申すなり。

（右　一言芳談より抄録）

これは鎌倉初期の真剣な念仏者の風神を伝えたものであるが、まことに美しく貴い。二十世紀の文明の今日、何故人間はこんなにひねくれ、いがみあっておるのか。幾百年来人間自身果してどれだけ進歩向上できたのか。あらゆる従来の虚栄をそれこそ「みなもて忘却す」る人々が出てほしい。

新夫婦鑑

一　夫は扶なり。道を以て扶《たす》け接わる者なり。（後漢・白虎通義）

二　仏・玉耶《ぎょくや》に告ぐ、世間に七輩の婦有り。一の婦は母の如し。二の婦は妹の如し。三の婦は善知識の如し。四の婦は婦《よめ》の如し。五の婦は婢の如し。六の婦は怨《おん》家の如し。七の婦は奪命《だつみょう》の如し。汝《いまし》何れを行わんと欲するや。（玉耶経）

三　めざし焼いて　頼みある仲の　二人かな（鬼城）

四　命二つの　中に活きたる　桜かな（芭蕉）

五　かすかなる　わがくらしにも　堪へてゆく　妻ゆゑ心　冴ゆるおもひす（田地英一・新万葉集）

六　世の常の　妻に倣《なら》ふな　ますらをの　望みをわれに　とげしめよ妻よ（大橋松平・同前）

七　吾《わが》背子《せこ》は　物な念《おも》ほし　事しあらば　火にも水にも　吾無けなくに（安部郎女・万葉集）

八　敷島の　日本の国に　人二人　ありとし念はば　何か嗟《なげ》かん（詠人不知・同前）

九　妻たちは青年の愛人、中年者の伴侶、老人の看護婦である。（F・ベーコン）

十　あらゆる人智の中で、結婚に関する智識が最も遅れている。（バルザック）

肝に銘ず

生命を賭《と》してかかるのでなければ、いつになっても生命を我がものにすることはできぬ。

(独) 詩人　F・シラー

良い葡萄酒は年を経て始めて澄んで味が出て来るように人は晩成せねばならぬ。

(独) 劇作家　H・オイレンベルグ

たとえ屋根の上の瓦ほど多くの悪魔共がおるにしても、私はウォルムス*に行くよ。

(独) M・ルーテル

*彼が法王の破門状を火に投じ、一五二一年ウォルムスの国会に喚問された時、心配する友に答えた有名な言葉。

ジォルダーノ・ブルーノに献す。御身によって先見された世紀より。

*火刑のありし場所にて

*ローマのカンポ・デ・フィオーリで焚刑に処せられた哲人G・ブルーノの碑銘。何時の世も

いかに多くの覚者の先見予告を空しゅうしてきたことであろう。

そんなことをしている間に一人の人間が消え失せないようにネ。大衆に追随してゆく――君の考のように導いてゆくと言いたいが、その間に君の持っている良い点が、つまり君自身が失われないようにしたまえ。

（ノルウェー）劇作家　H・イプセン

諸君、できるだけ多くの金を儲けて立派な屋敷を作るという様なことはどうでもいいことだ。唯芸術品を造ることが肝腎だ。――レンブラント*を見よ。一人の偉人の生涯が示すこの霊廟を見よ。藁筵《わらむしろ》の上で乞食の様に死んでいったが、偉大な芸術家として永遠に生きる彼、世界の征服者の彼を聖者として敬せよ。

（独）歴史画家　P・R・コルネリウス

*和蘭の名画家（一六〇六―一六九）。魂を描いた画家といわれる。生計に拙《つたな》くアムステルダムで窮死した。

同人はこれらの語を自ら愛読なさる東洋古典の名言の注釈に活用されたい。

同　懐

昔人云う、同心にして雑居し、憂傷して以て終老すと。況んや兄と又道を同じうするの朋たるをや。悠々たる斯の世、心を談《かた》るべき無し。兄と語らんと欲すれば、又筆舌の能く尽すべき所に非ず。姑《しばら》く就いて之を教答するのみ。

（明）呂新吾・去偽斎文集。答孫月峰書。

＊私の心腸に沁みこんでいる一文である。『師と友』誌にもこういう微意を託してあるのだが。

悠々たる世態、与《とも》に深く談じ難し。我が同人を念う、何ぞ傾倒を妨げん。――此の言・説《い》うべき処なし。覚えずして同志者の為に之を尽す。南雲満眼、書《しょ》し去って随う。

（同前）喬聚所撫台書。

不佞《われ》少《わか》くして書を読み、即ち凡夫たるを恥ず。既にして籍に通じ、毎《つね》に耿々《こうこう》を抱き、一に君父に報い、身を致すの義を畢《つく》さんことを思う。偶々《たまたま》時の艱に会い、其の身を以て之を風波荊棘《けいきょく》の場に試すを恤《うれ》えず。卒に以て困を取る。愚は即ち愚なり。其の志や哀しむべきなり。

——吾が儕《ともがら》は天地の為に心を立て、生民の為に命を立つ。

——*夫の一身の升沈寵辱の若《ごと》きは則ち已に度外に置くや久し。

（明）劉宗周・周生に与うる書。

【大意】かの自分自身の栄枯盛衰、毀誉褒貶などのことは度外視して久しい。永い間問題になっていない。

（鄒）南皐書来《てがみよこ》し弟を慰めて云う、茫々たる海宇《このよ》、遂に一若士、（湯氏自身の字）を容るる能わず。

*倘若《もし》士も此の中又一海宇を容るる能わざれば即便《すなわち》為に弄ばれんと。此の語其の至りに非ずと雖も、差《やや》人を豁《ひろ》うするに足る。亦転じて兄に奉じ、蹙《くるしみ》を破って笑を為すに足らん。

（明）湯若士・玉茗堂尺牘・答馬心陽。

【大意】果てしない天地が結局弟の若士を容れることが叶わなければ、また弟の若士もまたこの天地を容れることができなければどうにもなるまい。この兄の慰めのことばは完全ではないが、それでも少しだけ人の心を大きく広くするに充分であり、他方、兄に感謝しつつ弟の自分の苦しみを救ってくれるに充分である。

予《われ》平生憂患困頓・人間の苦境嘗めざる所なし。而て幸とする所は聖賢垂訓の言に浴し、洗滌脱洒則ち其の憂を忘れて其の楽趣を得。

明治三年京都・春日潜庵遺稿・記夢。

欠伸閑想

欠伸をあくびと大抵かたづけるが、あくびは欠《けん》で、伸はのびである。白楽天もその詩（江上対酒）に欠伸を愛すとつぶやいている。

金銭はすべての快楽を毒する。私の好きなのは、たとえば会食の楽しみだ。但、上流の集まりの窮屈さも、バーでの酩酊も、私には辛抱できない。一人の友人とさしむかいということでないと、その楽しみを味わうことはできない。（ルソー・告白録）

＊ルソーもさすがによくうまいことを言う。但その友がなかなか得られない。有ってもなかなかその折がない。そこに独酌の妙がある。

フランスでは、テレヴィは日本の十分の一もないが、我々は別に不幸でもない。日本の一部の若い世代は文化と破壊的なモダーニズムとをなぜ混同するのだろうか。私にはそう思えてならない。私は歴史の苔蒸《こけむ》すフランスの古城を、がっちりした古い百姓家を、エッフェル塔よりも愛する。東京ではあの鉄の怪物を好いと思って真似ている。（フランス現代作家ジャック・ドール談）

その昔、男性の反対の性として私共に払われたあの古風な、殆《ほとん》ど神秘的とも云える栄光はもはや消失した。今の私共は平等という恐るべき重荷を背負っている。しかもその平等は名のみである。

女性は男性と平等ではないと私は強く主張する。然《しか》し男性に劣る者では決してない。勿論《もちろん》勝る者でもない。いと簡単なことながら両性は互いに異質の人間である。

（米・現代女流詩人P・マッギンレイ）

人間本当の事となれば古今東西何にも変りはない。どうしていつも見当違いの多いことか。

先哲自警

春日潜庵《せんあん》は幕末陽明学の泰斗。京都久我家の諸大夫（貴族の家司にして昇殿を許された）。人物学識風貌共に堂々たりし真個豪傑の士で、維新の際隠然重きを為し、西郷南洲も傾倒した人である。明治十一年没。寿六十七。潜庵遺稿三巻がある。

一　人生百年、大凡二十年前は蒙々焉《もうもうえん》たるのみ。二十載後より六十に至るまで中間四十年なり。此れを過ぎて以往は、縦令《たとえ》衰えざるも、究竟《ひっきょう》用を做《な》さざるなり。此れを以て之を観れば、百年の中久しと雖《いえど》も四十年間に過ぎず。其の余は蒙々焉たるのみ。悲しいかな、悲しいかな。此の四十年間。徳を立て、業を立つる者其れ幾何人ぞや。其の余は腐草朽木と与に泯《びん》滅して止む。苟《いやしく》も志ある者其れ悲しむべきか、悲しむべからざるか。

二　人生劈頭《へきとう》一箇の事あり。立志是れなり。

三　夙に興き夜《よわ》に寐ぬ、徳業を勤むる者知らざるべからず。精神俊爽は夙興《しゅくこう》に在り。志気深遠は夜寐《やび》に在り。

四　人の大患は義理を講ぜざるに在り。天下の楽は理に循《したが》うより楽しきはなし。

五　浄几明窓《じょうきめいそう》、古人の書を読む。人間の幸福此れより大なるはなし。史を読むは無窮の懐あり。千古を洞観し、古今を一視す。人生の一大快事なり。

六　目前に急々たらず。身後の名を要《もと》めず。千古の事を渉歴《しょうれき》して以て一心の微を尽す。斯の如きの人は人たるに庶幾《ちか》し。

七　今世短処の数うべき有らば便ち是れ第一等の人。東莢《とうきょう》の此の語、晦翁《かいおう》、象山《しょうざん》の輩を指す似《ごと》し。

八　人生百年、一事として心に愧《は》ずる無き者幾何人か有る。愧ずる有るも知らず、懵《ぼう》懂《とう》として一世を終る者、比々皆然り。豈《あ》に哀しからずや。上士は然らず。愧ずるあれば則ち改む。愧ずるなければ則ち進む。進んで止まず、身を終うるのみ。

九　険夷《たいらか》・志を異にするは以て学を語るべからざるなり。夢覚めて趣を異にするは以て道を語るべからざるなり。

十　己を奉ずるのみ。民に在らず。此の二語・庸人の情態を写す。古今廉謹《れんきん》の士己を苟守《こうしゅ》するのみ。天下の故《こと》に関係せざる者皆然り。

著者略歴
安岡正篤（やすおか・まさひろ）
明治31年大阪市生まれ。大正11年東京帝国大学法学部政治学科卒業。昭和2年㈶金雞学院、6年日本農士学校を設立、東洋思想の研究と後進の育成に努める。戦後、24年師友会を設立、政財界のリーダーの啓発・教化に努め、その精神的支柱となる。その教えは人物学を中心として、今日なお日本の進むべき方向を示している。58年12月死去。
著書に『日本精神の研究』『いかに生くべきか――東洋倫理概論』『王道の研究――東洋政治哲学』『人生、道を求め徳を愛する生き方――日本精神通義』『経世瑣言』『安岡正篤人生信條』ほか。講義・講演録に『人物を修める』『易と人生哲学』『佐藤一斎「重職心得箇条」を読む』『青年の大成』などがある（いずれも致知出版社刊）。

人間を磨く

平成二十二年七月三十一日第一刷発行

著者　安岡　正篤
発行者　藤尾　秀昭
発行所　致知出版社
〒150-0001東京都渋谷区神宮前四の二十四の九
TEL（〇三）三七九六―二一一一
印刷・製本　中央精版印刷
落丁・乱丁はお取替え致します。　（検印廃止）

ISBN978-4-88474-893-7 C0095
ホームページ http://www.chichi.co.jp
Eメール books@chichi.co.jp

定期購読のご案内

『致知』には、繰り返し味わいたくなる感動がある。繰り返し口ずさみたくなる言葉がある。

人間学を学ぶ月刊誌

月刊 致知 CHICHI

●月刊『致知』とは

人の生き方を探究する"人間学の月刊誌"です。毎月有名無名を問わず、各分野で一道を切り開いてこられた方々の貴重なご体験談をご紹介し、人生を真面目に一所懸命に生きる人々の"心の糧"となることを願って編集しています。今の時代を生き抜くためのヒント、いつの時代も変わらない生き方の原理原則を満載して、毎月お届けいたします。

年間購読で毎月お手元へ

◆1年間（12冊）
10,000円
（定価12,240円のところ）

◆3年間（36冊）
27,000円
（定価36,720円のところ）

（税・送料込み）

■お申し込みは　**致知出版社 お客様係** まで

郵　送	本書添付のはがき（FAXも可）をご利用ください。
電　話	0120-149-467
F A X	03-3796-2109
ホームページ	http://www.chichi.co.jp
E-mail	books@chichi.co.jp

致《ち》知《ち》出《しゅっ》版《ぱん》社《しゃ》　〒150-0001　東京都渋谷区神宮前4－24－9 TEL. 03(3796)2118